建筑工程应急预案管理与编制实务

李永福　李桓宇　主编

中国建材工业出版社

图书在版编目（CIP）数据

建筑工程应急预案管理与编制实务/李永福，李桓宇主编．--北京：中国建材工业出版社，2022.11
ISBN 978-7-5160-3451-4

Ⅰ.①建… Ⅱ.①李… ②李… Ⅲ.①突发事件—公共管理—研究 Ⅳ.①D035.29

中国版本图书馆CIP数据核字（2021）第274629号

建筑工程应急预案管理与编制实务
Jianzhu Gongcheng Yingji Yu'an Guanli yu Bianzhi Shiwu
李永福　李桓宇　主编

出版发行：中国建材工业出版社
地　　址：北京市海淀区三里河路11号
邮　　编：100831
经　　销：全国各地新华书店
印　　刷：北京印刷集团有限责任公司
开　　本：787mm×1092mm　1/16
印　　张：9.5
字　　数：230千字
版　　次：2022年11月第1版
印　　次：2022年11月第1次
定　　价：40.00元

本社网址：www.jccbs.com，微信公众号：zgjcgycbs
请选用正版图书，采购、销售盗版图书属违法行为

编 委 会

主 编 单 位：山东建筑大学

北京中城建业技术培训中心

青岛万顺城市建设有限公司

参 编 单 位：山东光大特种设备检测有限公司

成都建工第一建筑工程有限公司

山东君合市政建设集团有限公司

长沙筑嘉信息技术有限公司

山东理工职业学院建筑工程学院

主要编写人员：李永福　李桓宇　赵成福　王建祖

赵海光　秦永亮　何忠兵　韩永师

丁吉祥　李宗云　王宏宇　刘慧彬

徐立向　尹正富

前　言

应急管理，是指应对突发事件的应急管理，是要从体制机制、法律法规、制订预案、队伍建设、科普宣教、物资保障、技术支撑和基层应急建设等各方面健全应急管理体系，做好应急准备，努力减少和消除经济生活中不安全和社会生活中的不稳定因素，解决各种矛盾和问题，及时有效地化解突发事件带来的消极后果，为构建和谐社会提供良好的环境和条件。所以，应急讲的就是“有备”，而应急预案与演练就是最重要的应急准备工作之一。

应急预案是对突发事件的预判，是应对处置突发事件和处置方法的具体设想，是指挥员下决心组织应对处置行动的基本依据。预案这个“纲”立不好，应急演练不是抓瞎就是瞎抓。所以制订预案时，必须目标明确、任务清楚、分工到位，下对药、开好方。对预案进行反复演练，总结经验教训，不断提高应急预案的针对性和可操作性，真正做到定案必实、有案必循、依案而动，努力减少和降低突发事件造成的损失。

近年来，我国的应急预案体系建设和应急演练工作，在不断地探索和实践中逐步走向完善和规范。但还普遍存在着应急预案体系不完整，针对性和操作性不强，编制程序与管理不规范，时效性差以及应急演练只注重形式、应付任务、表演作秀、范围小、层次低，综合性和实战性不强，经费保障不到位等问题。

本书分为三篇内容，详细讲解了编制应急预案和组织应急演练的基本要求，第一篇内容为应急预案概论，第二篇内容为建筑施工项目事故应急预案，第三篇内容为企业安全事故综合应急预案，力求解决当前建筑施工和企业在编制应急预案和组织实施应急演练中存在的实际问题。

当前，对应急预案与演练的研究散见于一些书刊和文章中，缺乏应急预案与演练基本知识的系统性研究。本书编者研究了大量的有关期刊资料和相关著作，从中提炼、集成了应急预案与演练的具体内容、编制要求以及组织实施等基本知识，其专业性、针对性和操作性都比较强。同时，本书在编写过程中，通过比较的方法参考和借鉴了国内外相关学者的研究成果，坚持尊重科学，在交流与交锋中努力求同存异、求真求实，体现了充分的融合性和实践性，既从基础理论方面详细介绍了应急预案与演练的相关具体内容，又从具体操作方面介绍了应急预案编制与应急演练的组织实施规程，具有很强的指导性。

本书在编写过程中力求结构合理、内容实用、文字简明通俗，具有较强的可读性和操作性。是编制应急预案与组织应急演练的案头工具书，将会对各级领导干部、应急管理工作者和有关从事应急预案管理工作人员提供有益的帮助。

目　　录

第一篇　应急预案概论

第二篇　建筑施工项目事故应急预案

第三篇　企业安全事故综合应急预案

第一篇

应急预案概论

一、应急预案相关概念

（一）应急预案

针对可能发生的事故，为最大程度减少事故损害而预先制订的应急准备工作方案。

1. 专项应急预案

专项应急预案指国务院或者地方人民政府的有关部门、单位根据其职责分工为应对某类具有重大影响的突发公共事件而制订的应急预案。专项应急预案是针对具体的事故类别（如煤矿瓦斯爆炸、危险化学品泄漏等事故）、危险源和应急保障而制订的计划或方案，是综合应急预案的组成部分，应按照综合应急预案的程序和要求组织制订，并作为综合应急预案的附件。专项应急预案应制订明确的救援程序和具体的应急救援措施。

2. 综合应急预案

综合应急预案是生产经营单位为应对各种生产安全事故而制订的综合性工作方案，是本单位应对生产安全事故的总体工作程序、措施和应急预案体系的总纲。

综合应急预案是从总体上阐述事故的应急方针、政策，应急组织结构及相关应急职责，应急行动、措施和保障等基本要求和程序，是应对各类事故的综合性文件。

3. 现场处置方案

现场处置方案是生产经营单位根据不同生产安全事故类型，针对具体场所、装置或者设施所制订的应急处置措施。现场处置方案重点规范事故风险描述、应急工作职责、应急处置措施和注意事项，应体现自救互救、信息报告和先期处置的特点。

4. 应急响应

针对事故险情或事故，依据应急预案采取的应急行动称为应急响应。

5. 应急演练

针对可能发生的事故情景，依据应急预案模拟开展的应急活动称为应急演练。

6. 工业生产事故

工业生产事故是指在生产经营活动中发生的意外的突发事件的总称，通常会造成人员伤亡或财产损失，使正常的生产经营活动中断。

7. 突发公共卫生事件

突发公共卫生事件，是指突然发生，造成或者可能造成社会公众健康严重损害的重大传染病疫情、群体性不明原因疾病、重大食物和职业中毒以及其他严重影响公众健康的事件。突发公共卫生事件相关信息报告范围，包括可能构成或已发生的突发公共卫生事件相关信息，其报告标准不完全等同于《国家突发公共卫生事件应急预案》的判定标准。突发公共卫生事件的确认、分级由卫生行政部门组织实施。

8. 自然灾害

自然灾害主要包括洪涝灾害、气象灾害、地质灾害、生物灾害、地震灾害、森林草原火灾等。

9. 社会安全事件

社会安全事件主要包括恐怖袭击事件、经济安全事件和涉外突发事件等。社会安全事件对能否发生，什么时间、地点、方式暴发以及程度等都是始料未及，难以准确把握。来源于三方面因素：有些突发事件由难以控制的客观因素引发；有些暴发于人们的知觉盲区；有些暴发于熟视无睹的细微之处。

10. 应急物资

应急物资是指为应对严重自然灾害、事故灾难、公共卫生事件和社会安全事件等突发公共事件应急全过程中所必需的物资保障。从广义上概括，凡是在突发公共事件应对的过程中所用的物资都可以称为应急物资。

11. 装备保障

装备保障不仅包括大量的保障资源，而且这些保障资源的有效性还与装备研制过程中所做出的与装备保障工作有关的各种决策（如维修方案、设计方案以及可靠性、维修性、安全性等设计特性）的综合影响有关。综合保障工程主要是研究如何规划和实施对装备本身的保障，使新装备和与之相适应的保障系统互相匹配，发挥出最佳的使用效能。

（二）应急能力评估

应急能力评估是依据危险分析的结果，对已有的应急资源和应急能力进行评估，包括城市应急资源的评估和企业应急资源的评估，明确应急救援的需求和不足。应急资源包括应急人员、应急设施（备）、装备和物资等；应急能力包括人员的技术、经验和接受的培训等。应急资源和能力将直接影响应急行动的快速有效性。预案制订时应当在评价与潜在危险相适应的应急资源和能力的基础上，选择最现实、最有效的应急策略。

1. 舆情应对

舆情应对是指针对网络事件引发的舆论危机，利用舆情监测手段，分析舆情发展态势，加强与网络的沟通，以面对面的方式和媒体的语言风格，确保新闻和信息的权威性和一致性，最大限度地压缩小道消息、虚假信息，变被动为主动，先入为主，确保更准、更快、更好地引导舆情的一种危机处理方式。

2. 安全生产主体责任

生产经营单位是安全生产的责任主体，应当对本单位的安全生产承担主体责任，并对未履行安全生产主体责任导致的后果负责。生产经营单位的主要负责人是本单位安全生产的第一责任人，对落实本单位安全生产主体责任全面负责。生产经营单位的安全生产主体责任主要包括以下内容：

（1）物质保障责任：①具备法律法规和国家标准、行业标准规定的安全生产条件；②保证依法履行建设项目安全设施“三同时”的规定；③依法为从业人员提供劳动防护用品，并监督、教育其正确佩戴和使用。

（2）资金投入责任：①按规定提取和使用安全生产费用，确保资金投入满足安全生产条件需要；②按规定存储安全生产风险抵押金；③依法为从业人员缴纳工伤保险费；④保证安全生产教育培训的资金。

（3）机构设置和人员配备责任：①依法设置安全生产管理机构，配备安全生产管理人员；②按规定委托和聘用注册安全工程师或者注册安全助理工程师为其提供安全管理服务。

（4）规章制度制订责任：建立健全安全生产责任制和各项规章制度、操作规程。

（5）教育培训责任：依法组织从业人员参加安全生产教育培训，取得相关上岗资格证书。

（6）安全管理责任：①依法加强安全生产管理；②定期组织开展安全检查；③依法取得安全生产许可；④依法对重大危险源实施监控；⑤及时消除事故隐患；⑥开展安全生产宣传教育；⑦统一协调管理承包、承租单位的安全生产工作。

（7）事故报告和应急救援的责任：①按规定报告生产安全事故；②及时开展事故抢险救援；③妥善处理事故善后工作。

（8）法律、法规、规章规定的其他安全生产责任。

（三）应急预案评审

应急预案评审是对新编制或修订的应急预案内容的适用性所开展的分析评估及审定过程。

1. 危险源

危险源是指可能导致人员伤害或疾病、物质财产损失、工作环境破坏或这些情况组合的根源或状态因素。

2. 信息报告

信息报告是公共关系部门向上级传递信息的一种文字形式。信息报告运用直接、具体的文字，反映事实的发展过程，作为企业领导决策的依据。其形成过程是：公共关系部门对所搜集的信息进行整理、分析，得出结论，再将结论形成文字，然后迅速提供给企业管理层。其内容包括产品流向、公众意见、社会动态、用户反馈、企业信誉度等。

二、应急预案编制程序

（一）应急预案编制概述

应急预案编制程序包括成立应急预案编制工作组、资料收集、危险源与风险分析、应急资源调查、应急预案编制、应急预案桌面推演、应急预案评审等步骤。

1. 成立应急预案编制工作组

结合本单位职能和分工，成立以单位有关负责人为组长，单位相关部门人员（如生产、技术、设备安全、行政、人事、财务人员）参加的应急预案编制工作组，明确工作职责和任务分工，制订工作计划，组织开展应急预案编制工作。预案编制工作组中应邀请相关救援队伍以及周边相关企业、单位或社区代表参加。

2. 资料收集

应急预案编制工作组应收集下列相关资料：

（1）适用的法律法规、部门规章、地方性法规和政府规章、技术标准及规范性文件。

（2）企业周边地质、地形、环境情况及气象、水文、交通资料。

（3）企业现场功能区划分、建（构）筑物平面布置及安全距离资料。

（4）企业工艺流程、工艺参数、作业条件、设备装置及风险评估资料。

（5）本企业历史事故与隐患、国内外同行业事故资料。

（6）属地政府及周边企业、单位应急预案。

3. 危险源与风险分析

危险源与风险分析，开展生产安全事故风险评估，撰写评估报告，其内容包括但不限于：

（1）辨识生产经营单位存在的危险有害因素，确定可能发生的生产安全事故类别。

（2）分析各种事故类别发生的可能性、危害后果和影响范围。

（3）评估确定相应事故类别的风险等级。

4. 应急资源调查

全面调查和客观分析本单位以及周边单位和政府部门可请求援助的应急资源状况，撰写应急资源调查报告，其内容包括但不限于：

（1）本单位可调用的应急队伍、装备、物资、场所。

（2）针对生产过程及存在的风险可采取的监测、监控、报警手段。

（3）上级单位、当地政府及周边企业可提供的应急资源。

（4）可协调使用的医疗、消防、专业抢险救援机构及其他社会化应急救援力量。

5. 应急预案编制

应急预案编制应当遵循以人为本、依法依规、符合实际、注重实效的原则，以应急处置为核心，体现自救互救和先期处置的特点，做到职责明确、程序规范、措施科学，尽可能简明化、图表化、流程化。

应急预案编制工作包括但不限下列：

（1）依据事故风险评估及应急资源调查结果，结合本单位组织管理体系、生产规模及处置特点，合理确立本单位应急预案体系。

（2）结合组织管理体系及部门业务职能划分，科学设定本单位应急组织机构及职责分工。

（3）依据事故可能的危害程度和区域范围，结合应急处置权限及能力，清晰界定本单位的响应分级标准，制订相应层级的应急处置措施。

（4）按照有关规定和要求，确定事故信息报告、响应分级与启动、指挥权移交、警戒疏散方面的内容，落实与相关部门和单位应急预案的衔接。

6. 应急预案桌面推演

按照应急预案明确的职责分工和应急响应程序，结合有关经验教训，相关部门及其人员可采取桌面演练的形式，模拟生产安全事故应对过程，逐步分析讨论并形成记录，检验应急预案的可行性，并进一步完善应急预案。

7. 应急预案评审

1）评审形式

应急预案编制完成后，生产经营单位应按法律法规有关规定组织评审或论证。参加应急预案评审的人员可包括有关安全生产及应急管理方面的、有现场处置经验的专家。应急预案论证可通过推演的方式开展。

2）评审内容

应急预案评审内容主要包括：风险评估和应急资源调查的全面性、应急预案体系设计的针对性、应急组织体系的合理性、应急响应程序和措施的科学性、应急保障措施的可行性、应急预案的衔接性。

3）评审程序

应急预案评审程序包括下列步骤：

（1）评审准备。成立应急预案评审工作组，落实参加评审的专家，将应急预案、编制说明、风险评估、应急资源调查报告及其他有关资料在评审前送达参加评审的单位或人员。

（2）组织评审。评审采取会议审查形式，企业主要负责人参加会议，会议由参加评审的专家共同推选出的组长主持，按照议程组织评审；表决时，应有不少于出席会议专家人数的三分之二同意方为通过；评审会议应形成评审意见（经评审组组长签字），附参加评审会议的专家签字表。表决的投票情况应以书面材料记录在案，并作为评审意见的附件。

（3）修改完善。生产经营单位应认真分析研究，按照评审意见对应急预案进行修订和完善。评审表决不通过的，生产经营单位应修改完善后按评审程序重新组织专家评审，生产经营单位应写出根据专家评审意见的修改情况说明，并经专家组组长签字确认。

（二）应急预案编制具体步骤

1. 成立预案编制小组

重大事故的应急救援行动涉及来自不同部门、不同专业领域的应急各方，需要应急各方在相互信任、相互了解的基础上进行密切配合和相互协调。因此，应急预案的成功编制需要城市各个有关职能部门和团体的积极参与，并达成一致意见，尤其是应寻求与危险直接相关的各方进行合作。成立预案编制小组是将城市各有关职能部门、各类专业技术有效结合起来的最佳方式，可有效地保证准确性和完整性，而且为城市应急各方提供了一个非常重要的协作与交流机会，有利于统一应急各方的不同观点和意见。

预案编制小组的成员一般应包括：市长或其代表，应急管理部门，下属区或县的行政负责人，消防、公安、环保、卫生、市政、医院、医疗急救、卫生防疫、邮电、交通和运输管理部门，技术专家，广播、电视等新闻媒体，法律顾问，有关企业，以及上级政府或应急机构代表等。预案编制小组的成员确定后，必须确定小组领导，明确编制计划，保证整个预案编制工作的组织实施。

2. 危险分析和应急能力评估

1）危险分析

危险分析是应急预案编制的基础和关键过程。危险分析的结果不仅有助于确定需要重点考虑的危险，提供划分预案编制优先级别的依据，而且也为应急预案的编制、应急准备和应急响应提供必要的信息和资料。

危险分析包括危险识别、脆弱性分析和风险分析。

（1）危险识别：要调查所有的危险并进行详细的分析是不可能的。危险识别的目的是要将城市中可能存在的重大危险因素识别出来，作为下一步危险分析的对象。危险识别应分析本地区的地理、气象等自然条件，工业和运输、商贸、公共设施等的具体情况，总结本地区历史上曾经发生的重大事故，来识别出可能发生的自然灾害和重大事故。危险识别还应符合国家有关法律法规和标准的要求。

危险识别应明确下列内容：

① 危险化学品工厂（尤其是重大危险源）的位置和运输路线；

② 伴随危险化学品的泄漏而最有可能发生的危险，如火灾、爆炸和中毒；

③ 城市域内或经过城市进行运输的危险化学品的类型和数量；

④ 重大火灾隐患的情况，如地铁、大型商场等人口密集场所；

⑤ 其他可能的重大事故隐患，如大坝、桥梁等；

⑥ 可能的自然灾害，以及地理、气象等自然环境的变化和异常情况。

（2）脆弱性分析：脆弱性分析要确定的是，一旦发生危险事故，城市的哪些地方容易受到破坏。脆弱性分析结果应提供下列信息：

① 受事故或灾害严重影响的区域，以及该区域的影响因素，如地形、交通、风向等；

② 预计位于脆弱带中的人口数量和类型，如居民、职员，敏感人群——医院、学校、疗养院、托儿所；

③ 可能遭受的财产破坏，包括基础设施（如水、食物、电、医疗）和运输线路；

④ 可能的环境影响。

（3）风险分析：风险分析是根据脆弱性分析的结果，评估事故或灾害发生时，对城市造成破坏（或伤害）的可能性，以及可能导致的实际破坏（或伤害）程度。通常可能会选择对最坏的情况进行分析。

风险分析可以提供下列信息：

① 发生事故和环境异常（如洪涝）的可能性，或同时发生多种紧急事故的可能性；

② 对人造成的伤害类型（急性、延时或慢性的）和相关的高危人群；

③ 对财产造成的破坏类型（暂时、可修复或永久的）；

④ 对环境造成的破坏类型（可恢复或永久的）。

要做到准确分析事故发生的可能性是不太现实的，一般不必过多地将精力集中到对事故或灾害发生的可能性进行精确的定量分析上，可以用相对性的词汇（如低、中、高）来描述发生事故或灾害的可能性，但关键是要在充分利用现有数据和技术的基础上进行合理的评估。

2）应急能力评估

依据危险分析的结果，对已有的应急资源和应急能力进行评估，包括城市应急资源的评估和企业应急资源的评估，明确应急救援的需求和不足。应急资源包括应急人员、应急设施（备）、装备和物资等；应急能力包括人员的技术、经验和接受的培训等。应急资源和能力将直接影响应急行动的快速有效性。预案制订时应当在评价与潜在危险相适应的应急资源和能力的基础上，选择最现实、最有效的应急策略。

3. 编制应急预案

应急预案的编制必须基于城市重大事故风险的分析结果，城市应急资源的需求和现状以及有关的法律法规要求。此外，预案编制时应充分收集和参阅已有的应急预案，以最大可能减少工作量和避免应急预案的重复和交叉，并确保与其他相关应急预案的协调和一致。

预案编制小组在设计应急预案编制格式时则应考虑：

（1）合理组织。应合理地组织预案的章节，以便每个不同的读者能快速地找到各自所需要的信息，避免从一堆不相关的信息中去查找所需要的信息。

（2）连续性。保证应急预案各个章节及其组成部分，在内容上的相互衔接，避免内容出现明显的位置不当。

（3）一致性。保证应急预案的每个部分都采用相似的逻辑结构来组织内容。

（4）兼容性。应急预案的格式应尽量采取与上级机构一致的格式，以便各级应急预案能更好地协调和对应。

4. 应急预案的评审与发布

为保证应急预案的科学性、合理性以及与实际情况相符合，城市重大事故应急预案必须经过评审，包括组织内部评审和专家评审，必要时请上级应急机构进行评审。应急预案经评审通过和批准后，按有关程序进行正式发布和备案。

5. 应急预案的实施

应急预案经批准发布后，应急预案的实施便成了城市应急管理工作的重要环节。应急预案的实施包括：开展预案的宣传贯彻，进行预案的培训，落实和检查各个有关部门的职责、程序和资源准备，组织预案的演练，并定期评审和更新预案，使应急预案有机地融入到城市的公共安全保障工作之中，真正将应急预案所规定的要求落到实处。

三、应急预案体系

（一）应急预案体系概述

生产经营单位应急预案分为综合应急预案、专项应急预案和现场处置方案。生产经营单位应根据有关法律、法规和相关标准，结合本单位组织管理体系、生产规模和可能发生的事故特点，科学合理确立本单位的应急预案体系，并注意与其他类别应急预案相衔接。

应急预案应形成体系，针对各类各级可能发生的事故和所存在的危险源制订专项应急预案和现场处置方案，并明确事前、事发、事中、事后的各个过程中相关部门和有关人员的职责。生产规模小、危险因素少的生产经营单位，综合应急预案和专项应急预案可以合并编写。

1．综合应急预案

综合应急预案是生产经营单位为应对各种生产安全事故而制订的综合性工作方案，是本单位应对生产安全事故的总体工作程序、措施和应急预案体系的总纲。

综合应急预案是从总体上阐述事故的应急方针、政策，应急组织结构及相关应急职责，应急行动、措施和保障等基本要求和程序，是应对各类事故的综合性文件。

1）生产经营单位的危险性分析

（1）生产经营单位概况（地址、从业人数、隶属关系、主要原材料、主要产品、产量等内容，以及周边重大危险源、重要设施、目标、场所和周边布局情况）。

（2）危险源与风险分析（本单位存在的危险源及风险分析结果）。

2）组织机构及职责

（1）应急组织体系（应急组织形式、构成单位或人员）。

（2）指挥机构及职责（总指挥、副总指挥、各成员单位及其相应职责、所设置的应急救援工作小组工作任务及职责）。

3）预防与预警

（1）危险源监控（对危险源检测监控的方式、方法及采取的预防措施）。

（2）预警行动（预警的条件、方式、方法和信息的发布程序）。

（3）信息报告与处置：

① 信息报告与通知（24 小时应急值守电话、事故信息接收和通报程序）。

② 信息上报（事故发生后向上级主管部门和地方人民政府报告事故信息的流程、内容和时限）。

③ 信息传递（事故发生后向有关部门或单位通报事故信息的方法和程序）。

4）应急响应

（1）响应分级。针对事故危害程度、影响范围和单位控制事态的能力，将事故分为不同的等级。按照分级负责的原则，明确应急响应级别。

（2）响应程序。根据事故的大小和发展态势，明确应急指挥、应急行动、资源调配、应急避险、扩大应急等响应程序。

（3）应急结束。明确应急终止的条件。事故现场得以控制，环境符合有关标准，导致次生、衍生事故隐患消除后，经事故现场应急指挥机构批准后，现场应急结束。应急结束后，应明确：

① 事故情况上报事项。

② 需向事故调查处理小组移交的相关事项。

③ 事故应急救援工作总结报告。

5）信息发布

明确事故信息发布的部门和原则。事故信息应由事故现场指挥部及时准确向新闻媒体通报事故信息。

6）后期处置

后期处置主要包括污染物处理、事故后果影响消除、生产秩序恢复、善后赔偿、抢险过程和应急救援能力评估及应急预案的修订等内容。

7）保障措施

保障措施包括通信与信息保障、应急队伍保障、应急物资装备保障、经费保障、其他保障。

8）培训与演练

培训包括对本单位人员的培训，对社区和居民的宣传教育和告知；说明演练的规模、方式、频次、范围、内容、组织、评估、总结等。

2. 专项应急预案

专项应急预案是生产经营单位为应对某一种或者多种类型生产安全事故，或者针对重要生产设施、重大危险源、重大活动防止生产安全事故而制订的专项工作方案。

专项应急预案与综合应急预案中的应急组织机构、应急响应程序相近时，可不编写专项应急预案，相应的应急处置措施并入综合应急预案。

专项应急预案是综合应急预案的组成部分，应按照应急预案的程序和要求组织制订，并作为综合应急预案的附件。专项应急预案应制订明确的救援程序和具体的应急救援措施。

（1）事故类型和危害程度分析。

（2）应急处置基本原则。

（3）组织机构及职责，包括：

① 应急组织体系；

② 指挥机构及职责。

（4）预防与预警，包括：

① 危险源监控；

② 预警行动。

（5）信息报告程序。

（6）应急处置，包括：

① 响应分级；

② 响应程序；

③ 处置措施。

（7）应急物资与装备保障。

3. 现场处置方案

现场处置方案是生产经营单位根据不同生产安全事故类型，针对具体场所、装置或者设施所制订的应急处置措施。现场处置方案重点规范事故风险描述、应急工作职责、应急处置措施和注意事项，应体现自救互救、信息报告和先期处置的特点。

事故风险单一、危险性小的生产经营单位，可只编制现场处置方案。

现场处置方案是针对具体的装置、场所或设施、岗位所制订的应急处置措施。现场处置方案应具体、简单、针对性强。现场处置方案应根据风险评估及危险性控制措施逐一编制，做到事故相关人员应知应会，熟练掌握，并通过应急演练，做到迅速反应、正确处置。

1）事故特征

（1）危险性分析，可能发生的事故类型。

（2）事故发生的区域、地点或装置的名称。

（3）事故可能发生的季节和造成的危害程度。

（4）事故前可能出现的征兆。

2）应急组织与职责

（1）基层单位应急自救组织形式及人员构成情况。

（2）应急自救组织机构、人员的具体职责，应同单位或车间、班组人员工作职责紧密结合，明确相关岗位和人员的应急工作职责。

3）应急处置

（1）事故应急处置程序。根据可能发生的事故类别及现场情况，明确事故报警、各项应急措施启动、应急救护人员的引导、事故扩大及同企业应急预案的衔接的程序。

（2）现场应急处置措施。针对可能发生的火灾、爆炸、危险化学品泄漏、坍塌、水患、机动车辆伤害等，从操作措施、工艺流程、现场处置、事故控制，人员救护、消防、现场恢复等方面制订明确的应急处置措施。

（3）报警电话及上级管理部门、相关应急救援单位联络方式和联系人员，事故报告的基本要求和内容。

4）注意事项

（1）佩戴个人防护器具方面的注意事项。

（2）使用抢险救援器材方面的注意事项。

（3）采取救援对策或措施方面的注意事项。

（4）现场自救和互救注意事项。

（5）现场应急处置能力确认和人员安全防护等事项。

（6）应急救援结束后的注意事项。

（7）其他需要特别警示的事项。

（二）应急预案的类型

1. 应急行动指南或检查表

针对已辨识的危险制订应采取的特定的应急行动。指南简要描述应急行动必须遵从的基本程序，如发生情况向谁报告，报告什么信息，采取哪些应急措施。这种应急预案主要起提示作用，对相关人员要进行培训，有时将这种预案作为其他类型应急预案的补充。

2. 应急响应预案

针对现场每项设施和场所可能发生的事故情况，编制的应急响应预案。应急响应预案要包括所有可能的危险状况，明确有关人员在紧急状况下的职责。这类预案仅说明处理紧急事务的必需的行动，不包括事前要求（如培训、演练等）和事后措施。

3. 互助应急预案

相邻企业为在事故应急处理中共享资源，相互帮助制订的应急预案。这类预案适合于资源有限的中、小企业以及高风险的大企业，需要高效的协调管理。

4. 应急管理预案

应急管理预案是综合性的事故应急预案，这类预案详细描述事故前、事故过程中和事故后何人做何事、什么时候做、如何做。这类预案要明确制订每一项职责的具体实施程序。应急管理预案包括事故应急的四个逻辑步骤：预防、预备、响应、恢复。

（三）应急预案的备案

生产经营单位申请应急预案备案，应当提交以下材料：

（1）应急预案备案申请表。

（2）应急预案评审或者论证意见。

（3）应急预案文本及电子文档。

受理备案登记的安全生产监督管理部门应当对应急预案进行形式审查，经审查符合要求的，予以备案并出具应急预案备案登记表；不符合要求的，不予备案并说明理由。

对于实行安全生产许可的生产经营单位，已经进行应急预案备案登记的，在申请安全生产许可证时，可以不提供相应的应急预案，仅提供应急预案备案登记表。

（四）应急预案的实施

1. 应急预案的编制

生产经营单位应当制订本单位的应急预案演练计划，根据本单位的事故预防重点，每年至少组织一次综合应急预案演练或者专项应急预案演练，每半年至少组织一次现场处置方案演练。应急预案演练结束后，应急预案演练组织单位应当对应急预案演练效果进行评估，撰写应急预案演练评估报告，分析存在的问题，并对应急预案提出修订意见。

2. 应急预案的修订

生产经营单位制订的应急预案应当至少每三年修订一次，预案修订情况应有记录并归档。

有下列情形之一的，应急预案应当及时修订：

（1）生产经营单位因兼并、重组、转制等导致隶属关系、经营方式、法定代表人发生变化的。

（2）生产经营单位生产工艺和技术发生变化的。

（3）周围环境发生变化，形成新的重大危险源的。

（4）应急组织指挥体系或者职责已经调整的。

（5）依据的法律、法规、规章和标准发生变化的。

（6）应急预案演练评估报告要求修订的。

（7）应急预案管理部门要求修订的。

生产经营单位应当及时向有关部门或者单位报告应急预案的修订情况，并按照有关应急预案报备程序重新备案。

3. 应急物资及装备

生产经营单位应当按照应急预案的要求配备相应的应急物资及装备，建立使用状况档案，定期检测和维护，使其处于良好状态。

4. 发生事故后及时启动预案

生产经营单位发生事故后，应当及时启动应急预案，组织有关力量进行救援，并按照规定将事故信息及应急预案启动情况报告安全生产监督管理部门和其他负有安全生产监督管理职责的部门。

（五）应急预案的奖励与处罚

对于在应急预案编制和管理工作中做出显著成绩的单位和人员，安全生产监督管理部门、生产经营单位可以给予表彰和奖励。生产经营单位应急预案未按照本办法规定备案的，由县级以上安全生产监督管理部门给予警告，并处 3 万元以下罚款。

生产经营单位未制订应急预案或者未按照应急预案采取预防措施，导致事故救援不力或者造成严重后果的，由县级以上安全生产监督管理部门依照有关法律、法规和规章的规定，责令停产停业整顿，并依法给予行政处罚。

四、综合应急预案内容

综合应急预案是从总体上阐述事故的应急方针、政策，应急组织结构及相关应急职责，应急行动、措施和保障等基本要求和程序，是应对各类事故的综合性文件。

（一）综合应急预案主要内容

综合应急预案的主要内容有如下11个方面：

1. 总则

（1）编制目的：简述应急预案编制的目的、作用等。

（2）编制依据：简述应急预案编制所依据的法律法规、规章，以及有关行业管理规定、技术规范和标准等。

（3）适用范围：说明应急预案适用的区域范围，以及事故的类型、级别。

（4）应急预案体系：说明本单位应急预案体系的构成情况。

（5）应急工作原则：说明本单位应急工作的原则，内容应简明扼要、明确具体。

2. 生产经营单位的危险性分析

（1）生产经营单位概况：主要包括单位地址、从业人数、隶属关系、主要原材料、主要产品、产量等内容，以及周边重大危险源、重要设施、目标、场所和周边布局情况。必要时，可附平面图进行说明。

（2）危险源与风险分析：主要阐述本单位存在的危险源及风险分析结果。

3. 组织机构及职责

（1）应急组织体系：明确应急组织形式，构成单位或人员，并尽可能以结构图的形式表示出来。

（2）指挥机构及职责：明确应急救援指挥机构总指挥、副总指挥、各成员单位及其相应职责。应急救援指挥机构根据事故类型和应急工作需要，可以设置相应的应急救援工作小组，并明确各小组的工作任务及职责。

4. 预防与预警

（1）危险源监控：明确本单位对危险源监测监控的方式、方法，以及采取的预防措施。

（2）预警行动：明确事故预警的条件、方式、方法和信息的发布程序。

（3）信息报告与处置：按照有关规定，明确事故及未遂伤亡事故信息报告与处置办法。

① 信息报告与通知。明确24小时应急值守电话、事故信息接收和通报程序。

② 信息上报。明确事故发生后向上级主管部门和地方人民政府报告事故信息的流

程、内容和时限。

③ 信息传递。明确事故发生后向有关部门或单位通报事故信息的方法和程序。

5. 应急响应

（1）响应分级：针对事故危害程度、影响范围和单位控制事态的能力，将事故分为不同的等级。按照分级负责的原则，明确应急响应级别。

（2）响应程序：根据事故的大小和发展态势，明确应急指挥、应急行动、资源调配、应急避险、扩大应急等响应程序。

（3）应急结束：明确应急终止的条件。事故现场得以控制，环境符合有关标准，导致次生、衍生事故隐患消除后，经事故现场应急指挥机构批准后，现场应急结束。应急结束后，应明确：

① 事故情况上报事项。

② 需向事故调查处理小组移交的相关事项。

③ 事故应急救援工作总结报告。

6. 信息发布

明确事故信息发布的部门，发布原则。事故信息应由事故现场指挥部及时准确向新闻媒体通报事故信息。

7. 后期处置

主要包括污染物处理、事故后果影响消除、生产秩序恢复、善后赔偿、抢险过程和应急救援能力评估及应急预案的修订等内容。

8. 保障措施

（1）通信与信息保障：明确与应急工作相关联的单位或人员通信联系方式和方法，并提供备用方案。建立信息通信系统及维护方案，确保应急期间信息通畅。

（2）应急队伍保障：明确各类应急响应的人力资源，包括专业应急队伍、兼职应急队伍的组织与保障方案。

（3）应急物资装备保障：明确应急救援需要使用的应急物资和装备的类型、数量、性能、存放位置、管理责任人及其联系方式等内容。

（4）经费保障：明确应急专项经费来源、使用范围、数量和监督管理措施，保障应急状态时生产经营单位应急经费的及时到位。

（5）其他保障：根据本单位应急工作需求而确定的其他相关保障措施（如交通运输保障、治安保障、技术保障、医疗保障、后勤保障等）。

9. 培训与演练

（1）培训：明确对本单位人员开展的应急培训计划、方式和要求。如果预案涉及社区和居民，要做好宣传教育和告知等工作。

（2）演练：明确应急演练的规模、方式、频次、范围、内容、组织、评估、总结等内容。

10. 奖惩

明确事故应急救援工作中奖励和处罚的条件和内容。

11. 附则

（1）术语和定义：对应急预案涉及的一些术语进行定义。

（2）应急预案备案：明确本应急预案的报备部门。

（3）维护和更新：明确应急预案维护和更新的基本要求，定期进行评审，实现可持续改进。

（4）制订与解释：明确应急预案负责制订与解释的部门。

（5）应急预案实施：明确应急预案实施的具体时间。

（二）综合应急预案的重要性

应急预案有助于识别风险隐患、了解突发事件的发生原因、明确应急救援的范围和体系，使突发事件应对处置的各个环节有章可循。具体来讲，主要有以下 3 个方面的意义。

（1）有利于对突发事件及时做出响应和处置。

（2）有利于避免突发事件扩大或升级，最大限度地减少突发事件造成的损失。

（3）有利于提高全社会的居安思危、积极防范社会风险的意识。

五、专项应急预案内容

专项应急预案指国务院或者地方人民政府的有关部门、单位根据其职责分工为应对某类具有重大影响的突发公共事件而制订的应急预案。专项应急预案是针对具体的事故类别（如煤矿瓦斯爆炸、危险化学品泄漏等事故）、危险源和应急保障而制订的计划或方案，是综合应急预案的组成部分，应按照综合应急预案的程序和要求组织制订，并作为综合应急预案的附件。专项应急预案应制订明确的救援程序和具体的应急救援措施。

（一）事故类型和危险程度分析

在危险源评估的基础上，对其可能发生的事故类型和可能发生的季节及其严重程度进行确定，如铁路企业承运的易燃易爆液体、固体等危险货物，在铁路运输过程中，一旦发生大面积泄漏，造成重大人员伤亡、财产损失、环境污染等严重后果。

危险化学品泄漏存在的危险性有：爆炸危险性、燃烧危险性、毒害危险性、放射危险性、腐蚀危险性等。在生产、经营、储存、运输和使用过程中，存在着发生火灾、爆炸、中毒、污染环境等重大事故的危险性。在铁路运输危险货物过程中，若发生事故，不仅会引发燃烧、爆炸、腐蚀、毒害等灾害，而且会造成行车重大事故，严重危及公共安全和人民群众的生命财产安全，并导致环境污染。

（二）应急处置基本原则

明确处置安全生产事故应当遵循的基本原则包含如下方面。

（1）及时的原则：包括及时撤离人员、及时报告（上级、有关主管部门）、及时拨打报警电话和及时进行排险救助工作。

（2）“先撤人、后排险”的原则：在发生事故或出现紧急险情之后，应首先将处于危险区域内的一切人员先撤出危险区域，然后再有组织地进行排险工作。

（3）“先救人、后排险”的原则：当有人受伤或死亡，应先救出伤员和撤出亡者，然后进行排险处理工作，以免影响对伤员的及时抢救，对伤员、亡者造成新的伤害或损失。

（4）“先防险、后救人”的原则：在险情和事故仍在继续发展或险情仍未消除的情况下，必须先采取支护等安全保险措施，然后救人，以免使救护者受到伤害，使伤员受到新的伤害。救人要求“急”，同时也要求“稳妥”，否则，不但达不到救人的目的，还会使救助者受伤。

（5）“先防险、后排险”的原则：在进入现场进行排险作业时，必须采取可靠支护等适合的保护措施，以免排险人员受到伤害。

（6）“先排险、后清理”的原则：只有在控制事故继续发展和排除险情以后，才能进行事故现场的清理工作。但这一切，都必须遵守事故的处理程序规定和得到批准以后，才能进行。

（7）保护现场的原则：在事故调查组未决定结束事故原状之前，必须全力保护好现场的原状，以免影响事故的调查和处理工作。保护事故现场是所有人员的责任，破坏事故现场是违法行为。但为了进行救人和排险工作时，可采取如下做法：在不破坏现状的要求下，为了确保救人和排险工作的安全，设置临时支护以阻止破坏的继续发展和稳定破坏时的状态。在设置临时支护措施之前，应先拍下当时的现场全部和局部情况照片。

（三）应急组织机构及职责

明确应急组织形式（可用图示表示）及构成单位（部门）的应急处置职责。应急组织机构以及各成员单位或人员的具体职责。应急组织机构可以设置相应的应急工作小组，各小组具体构成、职责分工及行动任务建议以工作方案的形式作为附件。

（四）预防与预警

1. *危险源监控*

应明确本单位危险源监控的方式以及采取的预防措施。

对危险源特别是重大危险源进行全面监控，严密监控其安全状态，以及向事故临界状态转化的各种参数的变化趋势，及时发出预警信息或应急指令，把事故隐患消灭在萌芽状态。

（1）对危险源监控需要采取的技术措施有以下 4 种。

① 在危险源现场设置明显的安全警示标志，并加强有关设备、设施的安全管理。

② 对危险源的工艺参数危险物质进行定期检测，对重要的设备、设施进行经常性的检测、检验，并做好检测、检验记录。

③ 在生产、储存过程中可能引起火灾、爆炸及毒害的部位，应合理设置温度、压力、液位等检测仪表、报警（声、光）和安全连锁装置等设施。

④ 根据可能引起火灾、爆炸及毒害部位、场所，设置必要的易燃气体、毒害气体检测报警器。

（2）对危险源监控的管理措施有以下 6 种。

① 建立健全本单位危险源安全管理规章制度，落实危险源安全管理和监控责任，制订危险源安全管理与监控的实施方案。

② 保证危险源安全管理与监控所必需的资金投入。

③ 对从业人员进行安全教育和技术培训，使其掌握本岗位的安全操作技能和紧急情况下应当采取的应急措施。

④ 建立危险源安全管理档案，对存在事故隐患和缺陷的危险源认真进行整改，不能立即整改的，必须采取切实可行的安全措施，防止事故发生。

⑤ 当危险源的生产过程、材料、工艺、设备、防护措施和环境等因素发生重大变化，或者国家有关法规、标准发生变化时，企业应当对重大危险源重新进行安全评估。

⑥ 不断改进管理手段，提高监控管理水平，提高重大危险源的安全稳定性。

2. 预警行动

明确具体事故预警的条件、方式、方法和信息的发布程序。

根据危险源监控设备和监控人员提供的信息，按照“早发现、早报告、早处置”的原则，有关人员将信息汇总、分析后，报应急指挥部，应急指挥部及时组织有关人员分析事故发生发展态势，及时研究确定应对方案，根据事故的发展态势，发出预警预报，并通知有关应急组织机构和公众采取相应行动预防事故发生。

（五）信息报告与处置

准确了解事故的性质和规模等初始信息是启动应急预案的关键，因此，必须对信息的报告与处置作出明确的规定。

（1）应明确 24 小时应急值守电话，建立事故信息报告程序。事故报告的程序一般为以下几步。

① 事故发生后，事故现场人员应当立即向本单位负责人报告。

② 单位负责人接到报告后，应通知单位内部的应急功能机构，视事故情况决定是否向当地应急部门（消防局、医疗机构及其他应急救援部门）报告；但应于 1 小时内向事故发生地县级以上人民政府安全生产监督管理部门和负有安全生产监督管理职责的有关部门报告。

③ 情况紧急时，事故现场有关人员可以向当地消防局或其他应急救援部门报告，以及时得到救援。

（2）应列出所有的报告对象及电话。报告对象一般包括：单位内部的各应急功能机构、上级主管部门、安全生产监督管理部门、消防局或其他应急救援部门（119）、医疗卫生机构（120）。

（3）应当明确各级事故信息上报的内容。

① 事故现场人员向单位负责人报告的内容：事故发生时间与地点；事故的简要经过；事故已经造成或者可能造成的伤亡人数；已经采取的措施。

② 事故发生单位向消防局、医疗卫生机构及其他应急救援部门报告的内容：事故发生单位概况；事故发生的时间、地点以及事故现场情况；事故已经造成或者可能造成的伤亡人数（包括下落不明的人数）和初步估计的直接经济损失；涉及的危险化学品。

③ 事故发生单位向上级主管部门和安全生产监督管理部门报告的内容：事故发生单位概况；通报人的姓名和电话号码；事故发生的时间、地点以及事故现场情况；事故的简要经过；事故已经造成或者可能造成的伤亡人数（包括下落不明的人数）和初步估计的直接经济损失；已经采取的措施；应急行动级别；企业外效应等。

（六）应急处置

（1）响应分级：针对事故危害程度、影响范围和单位控制事态的能力，将事故分为不同的等级。按照分级负责的原则，明确应急响应级别。

（2）响应程序：根据事故的大小和发展态势，明确应急指挥、应急行动、资源调配、应急避险、扩大应急等响应程序。

（3）处置措施：针对本单位事故类别和可能发生的事故特点、危险性，制订的应急处置措施（如煤矿瓦斯爆炸、冒顶片帮、火灾、透水等事故应急处置措施，危险化学品火灾、爆炸、中毒等事故应急处置措施）。

（七）应急物资与装备保障

为完善应急管理体系，加强应急救援工作，保证应急救援物资装备发挥其应有作用，有效应对各种突发事件的发生，特制订应急救援物资装备管理制度：

（1）应急救援物资装备为应对突发事件而准备，在应急救援救护中具有举足轻重的作用，所以必须保证应急救援物资装备在日常的完备有效，不得随意使用或挪作他用。

（2）各队组对现有的应急救援物资装备负有储存和妥善保管的责任，对救援物资装备应定人、定点、定期管理。

（3）对于具备应急救援器材箱的队组应明确应急救援器材箱钥匙所在，不得随意挪动，保证在遇到突发事件时应急救援器材箱可以顺利开启。

（4）各个救援物资装备责任人应按规定定期对物资装备进行检查、维护、清洁，及时更新有效期以外或状态不良的物资装备、补充缺失的物资装备、定期进行清洁擦拭，如发现较为严重问题时，应及时上报。并将检查、维护、清洁情况记录在案。

（5）加强对员工的培训教育，使员工掌握应急救援物资装备的正确使用和维护保养方法，确保应急救援物资装备在日常情况下的完备有效。

（6）供应科经常对应急救援物资装备存储、检查、维护、擦拭、记录情况进行督导，促进对救援物资装备管理水平的持续提高。

（7）对于工作不到位现象，供应科有权根据相关管理规定对责任人进行处罚，对于由于工作失误而造成的后果按公司相关管理规定执行。

（8）不得随意对应急救援物资装备进行拆解维修。

六、现场处置方案内容

（一）事故风险描述

根据生产经营单位自身的特点，存在的主要危险、有害因素有：火灾、粉尘爆炸、机械伤害、车辆伤害、触电、其他伤害等。一旦引发事故，会给企业造成财产损失及人员伤亡。

1. 火灾

（1）明火火灾：公司在生产过程中，如管理不善，因各种明火，如火柴、香烟、打火机等的带入，引燃易燃物品可引起火灾事故。

（2）电气火灾：因电气老化、绝缘破损、短路、私拉乱接、超负荷用电、过载、接线不规范、发热、电器使用管理不当等引起火灾。

2. 粉尘爆炸

原料粉碎生产过程中，通风不畅，粉尘集聚，达到爆炸极限，在遇到明火情况下，易产生粉尘爆炸事故。

3. 机械伤害

若防护罩损坏或员工违章操作，设备检修过程中各种机械、运输设备等因防护不良、操作失误、警示信号不灵等都有可能发生机械伤害。

4. 车辆伤害

运输车辆进出厂区，如果刹车失灵或违章驾驶，工作人员站立位置不当，可能会发生车辆伤害事故。

5. 触电

电缆、电线、配电盘、照明灯具等电气设备，因绝缘老化、违章操作等，有可能引起人员触电事故。

6. 其他伤害

其他伤害包括噪声、振动等，如机器设备产生的噪声、振动等都有可能影响操作人员的身体健康。

通过分析可能发生的事故类型及后果，并导致可能产生的次生、衍生事故，得出如下结论：火灾、粉尘爆炸事故危险程度大，会造成严重的人员伤亡和财产损失。触电、机械伤害、车辆伤害等其他伤害事故危害程度相对小，造成人员伤亡和财产损失小，但都应加以重视，杜绝危险源的存在和发生。

（二）应急工作的职责

（1）履行应急值守、预案管理、信息汇总和综合协调职能，发挥企业应急管理工作的运转枢纽作用。

（2）督促检查落实安全隐患的排查及整改，宣传普及预防、抗灾、避险、救援、减灾等相关应急知识。

（3）组织编制、修订企业突发事件总体应急预案，指导和监督检查各部门单位应急预案的编制、修订和实施，掌握企业应急物资保障、应急装备、器材配置储存等有关情况。

（4）督促检查各部门单位应急组织机构、队伍建设和应急处置措施的落实，组织、指导企业突发公共事件应急培训和演练。

（5）联系协调突发公共事件预防预警、应急处置、事件调查、善后处理、事后评估、信息报送等工作。

（6）负责接受和办理向企业报送的紧急事项，承办企业应急管理专题会议，督促落实有关决定事项。

（7）负责与专家咨询机构及有关机构的协调联系。

（8）完成领导交办的其他工作。

（三）应急处置

应急处置包括但不限于下列内容：

（1）应急处置程序。根据可能发生的事故及现场情况，明确事故报警、各项应急措施启动、应急救护人员的引导、事故扩大及同生产经营单位应急预案的衔接程序。

（2）现场应急处置措施。针对可能发生的事故从人员救护、工艺操作、事故控制、消防、现场恢复等方面制订明确的应急处置措施。

（3）明确报警负责人以及报警电话及上级管理部门、相关应急救援单位联络方式和联系人员，事故报告基本要求和内容。

（四）注意事项

1. 机械伤害

（1）遇有创伤性出血的伤员，应迅速包扎止血，使伤员保持头低脚高的卧位，并注意保暖。正确的现场止血处理措施：一般伤口小的止血，先用生理盐水冲洗伤口，涂上红汞水，然后盖上消毒纱布，用绷带较紧的包扎，来增强压力而达到止血；止血带止血，选择弹性好的橡皮管，橡皮带或三角巾、毛巾，带状布条等，上肢出血结扎在上臂上 1/2 处（靠近心脏位置）。下肢出血结扎在大脚上 1/3 处，结扎时，在止血带与皮肤之间垫上消毒纱布棉垫，每隔 25～40 分钟放松一次，每次放松时间为 0.5～1 分钟。

（2）动用最快的交通工具或其他措施，及时把伤者送往邻近医院抢救，运送途中应尽量减少颠簸，同时密切注意伤者的呼吸、脉搏、血压及伤口的情况。

（3）消除不安全因素，如机械处于危险状态，应立即采用措施进行稳定，防止事故扩大，避免更大的人身伤害及财产损失。

（4）在不影响安全的前提下，切断现场电源。

（5）注意保护现场，因抢救伤员和防止事故扩大，需要移动现场物件时，应做出标记，拍照，详细记录和绘制事故现场图。

（6）事故发生后项目现场抢救伤员，保护现场的同时，应立即向公司领导、项目部报告。

（7）项目部得知事故发生后，应立即赶赴事故现场，落实上述应急措施，注意检查事故现场是否处于安全状态，防止事故的扩大，并按规定向上级有关部门报告。

（8）配合公司有关部门开展事故调查工作。

2. 火灾

（1）发生着火爆炸后，首先紧急撤离，最大限度地转移易燃易爆品到安全地点，防止二次爆炸发生。

（2）在安全的条件下采取灭火措施，同时向上汇报，启动应急预案。

3. 中毒窒息

（1）迅速脱离现场至空气新鲜处。保持呼吸道通畅。立即拨打120急救电话请求急救救护，同时向上汇报。如呼吸困难，给输氧；如呼吸停止，立即进行人工呼吸。

（2）迅速撤离泄漏污染区人员至上风处，并进行隔离，严格限制出入。切断火源。建议应急处理人员戴自给正压式呼吸器，穿戴作业工作服。尽可能切断泄漏源。合理通风，加速扩散。漏气容器要妥善处理、修复、检验后再用。

4. 触电事故

（1）发生触电，立即切断电源或使人体脱离带电体，进行现场急救，同时向上汇报，送医院继续救治。

（2）发生电灼伤，停止操作，远离带电体，断开电源，同时向上汇报，将伤者送医院救治。

（3）发生电气火灾后，首先设法及时切断电源，然后进行扑救；如果不能及时切断电源可用二氧化碳、干粉灭火器灭火，同时向上汇报，紧急情况下可直接拨打火警电话119。

5. 物体打击

当发生物体打击事故后，抢救重点放在对伤者颅脑损伤、胸部骨折和出血部位的处理上。

（1）发生物体打击事故后，应马上组织抢救伤者，首先观察伤者的受伤情况、部位、伤害性质，如伤员发生休克，应先处理休克。遇呼吸、心跳停止者，应立即进行人工呼吸，胸外心脏按压。处于休克状态的伤员要让其安静、保暖、平卧、少动，并将下肢抬高约20°，尽快送医院进行抢救治疗。

（2）出现颅脑损伤，必须维持伤者呼吸道通畅。昏迷者应平卧，面部转向一侧，以防舌根下坠或分泌物、呕吐物吸入，发生喉阻塞。有骨折者，应初步固定后再搬运。遇有凹陷骨折、严重的颅底骨折及严重的脑损伤症状出现，创伤处用消毒的纱布或清洁布等覆盖伤口，用绷带或布条包扎后，及时送就近有条件的医院治疗。

6. 粉尘爆炸

（1）粉尘作业场所与其他建筑物保证具有安全距离。

（2）粉尘作业人员进行培训专项考核，能够识别并正确应对粉尘爆炸危险。

（3）生产设备、通风管道采取防静电措施；使用防爆电气设备；阻爆、隔爆装置。

（4）控制热源，场所经常通风。

（5）制订了粉尘火灾防爆管理制度和动火作业管理制度。

（6）防止摩擦、碰撞产生火花。

（7）所有产尘点均应装设吸尘罩。

（8）所有可能积累粉尘的生产车间和储存室的设备、地面每天至少清扫一次，不应使用压缩空气进行吹扫。

（9）每周至少一次对通风系统进行除尘清扫。

（10）定期检查设备，每月至少组织一次由安全主任牵头的安全生产大检查，对发现的事故隐患的各部门应及时整改，整改有难度的，应及时上报总经理。

（11）每年至少进行 5～6 次应急救援演练。

第二篇

建筑施工项目事故应急预案

一、概　　述

（一）编制目的

为了防止本单位施工现场的生产安全事故发生，完善应急工作机制，在工程项目发生事故状态下，迅速有序地开展事故的应急救援工作，抢救伤员，减少事故损失，制订建筑施工项目事故应急预案。

（二）编制依据

《中华人民共和国安全生产法》

《中华人民共和国民法典》（应急管理相关内容摘选）

《中共中央国务院关于推进安全生产领域改革发展的意见》

《应急管理部关于修改〈生产安全事故应急预案管理办法〉的决定》

《生产经营单位生产安全事故应急预案编制导则》（GB/T 29639—2020）

《国家安全监管总局关于修改〈生产安全事故报告和调查处理条例〉罚款处罚暂行规定等四部规章的决定》（国家安全生产监督管理总局令第77号）

《企业职工伤亡事故分类》（GB 6441—1986）

《生产安全事故信息报告和处置办法》（国家安全生产监督管理总局令第21号）

《国务院关于进一步加强企业安全生产工作的通知》（国发〔2010〕23号）

《生产安全事故应急预案管理办法》

《山东省生产安全事故应急办法》（省政府令第341号）

《山东省突发事件应急保障条例》

《山东省安全生产风险管控办法》（省政府令第331号）

《生产安全事故应急条例》（中华人民共和国国务院令第708号）

《山东省安全生产工作任务分工》

（三）应急预案编制程序

1. 概述

应急预案编制程序包括成立应急预案编制工作组、资料收集、危险源与风险分析、应急资源调查、应急预案编制、应急预案桌面推演、应急预案评审和批准实施8个步骤。

2. 成立应急预案编制工作组

结合本单位部门职能分工，成立以单位主要负责人为领导的应急预案编制工作组，明确编制队伍、职责分工、制订工作计划。

3. 资料收集

收集应急预案编制所需的各种资料。

4. 危险源与风险分析

在危险因素分析及事故隐患排查、治理的基础上，确定本单位的危险源、可能发生事故的类型和后果，进行事故风险分析并指出事故可能产生的次生事故形成分析报告，分析结果作为应急预案的编制依据。

5. 应急能力评估

对本单位应急装备、应急队伍等应急能力进行评估，并结合本单位实际，加强应急能力建设。

6. 应急预案编制

针对可能发生的事故，按照有关规定和要求编制应急预案。应急预案编制过程中，应注重全体人员的参与和培训，使所有与事故有关人员均掌握危险源的危险性、应急处置方案和技能、应急预案应充分利用社会应急资源，与地方政府预案、上级主管单位以及相关部门的预案相衔接。

7. 应急预案的评审

评审由本单位主要负责人组织有关部门和人员进行。外部评审由上级主管部门或地方政府负责安全管理的部门组织审查。

8. 批准实施

通过评审的应急预案，由施工单位主要负责人签发实施。

（四）应急预案体系

1. 概述

应急预案分为综合应急预案、专项应急预案和现场处置方案。应根据有关法律、法规和相关标准，结合本单位组织管理体系、生产规模和可能发生的事故特点，科学合理确立本单位的应急预案体系，并注意与其他类别应急预案相衔接。

2. 综合应急预案

综合应急预案是为应对各种生产安全事故而制订的综合性工作方案，是本单位应对生产安全事故的总体工作程序、措施和应急预案体系的总纲。

3. 专项应急预案

专项应急预案是本单位为应对某一种或者多种类型生产安全事故，或者针对重要生产设施、重大危险源、重大活动防止生产安全事故而制订的专项工作方案。

专项应急预案与综合应急预案中的应急组织机构、应急响应程序相近时，可不编写专项应急预案，相应的应急处置措施并入综合应急预案。

4. 现场处置方案

现场处置方案是本单位根据不同生产安全事故类型，针对具体场所、装置或者设施所制订的应急处置措施。现场处置方案重点规范事故风险描述、应急工作职责、应急处置措施和注意事项，应体现自救互救、信息报告和先期处置的特点。

二、综合应急预案

（一）危险性分析

根据从事工程的项目特点，所承接的项目主要有机械设备、电气焊、高空作业等工程施工。可发生重大危险的生产安全事故有高空坠落事故、触电事故、坍塌事故、电焊伤害事故、车辆火灾事故、交通安全事故、火灾爆炸事故、机械伤害事故等。

（二）应急组织机构与职责

1. 组织机构

公司应急组织机构由公司应急救援领导小组、应急管理办公室、各生产单位应急救援小组、主责及支持保障部门、抢险队及专家组组成。

公司应急救援领导小组由公司领导、总工办安全总监、安全部、质量部、企管部、物资设备部、财务部组成。

公司应急管理办公室设在公司安全部。电话：××××××××××××。

各项目部的应急救援小组由项目部人员组成，必要时，公司应急救援领导小组另行指派现场总指挥。

主责及支持保障部门包括公司领导、总工办安全总监、安全部、质量部、企管部、物资设备部、财务部组成，在事故发生时应履行各自职责，服从应急救援领导小组的统一指挥、调度，为应急救援工作提供支持和保障。必要时，寻求社会支持。

抢险队以事故单位为主，各施工项目部均应成立兼职抢险队伍，在生产安全事故发生时实施应急救援工作。

专家组是根据应急工作的需要，由应急救援领导小组聘请公司内有关专家，必要时寻求外部专家。

2. 职责

（1）应急救援领导小组职责包括：

① 全面负责公司应急管理工作，接受上级主管部门的领导，请求并落实其指令。

② 负责公司综合应急预案和专项应急预案的审批、发布。

③ 按专项应急预案的规定下达预警和预警解除指令，专项应急预案启动和终止指令。

④ 领导、组织和协调应急救援工作，在公司范围内紧急调用救援设备、物资、人员。

⑤ 审批应急管理和救援费用，并根据灾害的变化，随时调整应急救援措施，做好

稳定公司秩序工作。

（2）应急管理办公室职责包括：

① 负责组织公司综合应急预案和专项应急预案的编制、修订工作。

② 负责各施工项目部应急管理工作的指导、检查。

③ 负责应急管理信息的收集、整理、分析、汇总和上报。

④ 负责应急救援领导小组具体工作和应急值班。

（3）各项目部应急救援小组职责包括：

① 按照应急救援领导小组指令，启动和终止应急预案，负责现场应急指挥工作。

② 负责整合和调配现场应急资源，提供抢险设备，组织对伤员、财产的抢救。

③ 收集现场信息，维护现场秩序，保护事故现场，排除潜在险情。

④ 根据事态发展制订和调整现场处置方案，并及时向公司应急救援领导小组汇报应急处置情况。

（4）专家组职责包括：对事态进行分析和评估，提出应急处置方案建议，并提供技术支持。指导现场应急处置工作。

（5）安全部职责包括：

① 跟踪并详细了解公司内各类生产安全事故情况，及时向应急领导小组汇报、请示，并根据指令开展应急工作。

② 按事故类别由系统主责部门负责，组成事故调查组，并配合上级部门，按照“四不放过”的原则做好调查处理工作。

③ 负责工伤、环保、防火防爆范围内的应急预案制订、应急救援、事故调查和处理。

④ 负责防台防汛范围内的应急预案制订、应急救援、事故调查和处理。

⑤ 履行应急管理办公室职责。

（6）企管部职责包括：

① 在紧急状态时，负责对外联络、求援，通报救援情况，传达上级指示。

② 履行应急管理企管部职责。

③ 负责员工安全生产与应急管理的培训及考核。

④ 参与工伤事故的调查处理，负责伤残鉴定的管理工作。

⑤ 组织开展劳动竞赛，提高员工的技能和安全意识。

⑥ 负责与各新闻媒体的沟通联络及舆论导向和通讯报道工作。

（7）工程部与安全部合并，职责包括：

① 负责应急预案制订、应急救援、事故调查和处理。

② 负责交通范围内的应急预案制订、应急救援、事故调查和处理。

③ 在紧急状态时，负责应急救援的设备调遣和及时到位。

④ 负责本系统专项应急预案的督导工作。

⑤ 负责工程安全方面范围内的应急预案制订、应急救援、事故调查和处理。

⑥ 在紧急状态时，负责应急救援的调度工作。

（8）质量部职责包括：

① 负责制订本公司质量管理制度，完善质量管理体系。

② 负责安全管理，以及紧急情况下对外联络和抢险救援的指挥。

③ 负责紧急情况下组织有关人员进行抢险救灾。

（9）物资设备部职责包括：

① 成立物资供应应急保障领导小组，由项目经理担任组长。

② 规范应急物资进场的质量检验制度和救援物资定期质量抽验制度。

③ 保障道路通畅，维修运输设备，确保应急物资及时进场。

④ 设立应急物资采购准备金，确保采购资金到位。

（10）财务部职责包括：

① 负责落实事故抢险所需资金，核销应急救援费用。

② 参与应急处置有关责任方赔偿费标准的制订。

③ 负责事故发生后安保基金的理赔工作。

（11）各项目部职责包括：

① 在公司应急救援领导小组的统一领导下开展应急工作，并接受应急管理办公室的监督和检查。

② 组织编写本项目部的应急预案和专项施工方案，组织演练，不断完善预案。

③ 当本项目部发生安全生产事故时，立即启动应急预案，若超越能力范围时，向公司应急救援领导小组申请启动更高一级应急预案。

④ 接受公司应急救援领导小组的领导，为其他项目部应急救援工作提供支持。

（12）各工作小组职责包括：

① 综合协调组：负责收集现场信息，核实现场情况，对事态发展进行评估，并根据事态发展制订和调整现场处置方案；负责向其他工作小组传达现场应急指挥部的指令；负责掌握事故现场的环境及气象等外部相关状态；负责联系和督促各工作小组的工作；报告各工作小组应急工作中的重大问题；负责联系及请求社会保障力量进行援助。

② 新闻发布组：按照《突发事件新闻发布应急预案》的有关规定和程序流程进行新闻发布工作。

③ 现场警戒组：负责划定现场的警戒区并组织警戒，维护现场治安和交通秩序；负责疏散事故区域内的群众和无关人员；负责救援运输车辆的畅通。

④ 救援排险组：负责根据各类施工安全事故的类型、特征，依据现场应急处置方案和相关支持附件，实施事故现场灭火，迅速处置重、特大有毒介质泄漏、燃烧、爆炸，配合安全事故抢险，现场伤员搜索，设备容器的冷却，污染区域的清洗，施工设施的抢修等应急处置工作。

⑤ 环境监测组：负责对大气、水体、土壤等进行环境即时监测，确定危险物质的组成及浓度，确定污染区域范围，对事故造成的环境影响进行评估，制订环境修复方案并组织实施。

⑥ 医疗抢险组：组织事故伤害人员的现场紧急抢救处理工作；负责保障急救药品、

医疗器械、救护车辆、医疗卫生人员、担架、氧气呼吸器、防毒化服装的抢险需要；因事故伤害人员的抢救需获得医疗援助时，负责向上级卫生系统联络。

⑦ 物资保障组：负责组织抢险物资的供应；组织车辆运送抢险物资；负责保障电力、通信设施安全畅通。

⑧ 善后处置组：负责事故调查评估、事故现场恢复以及伤亡人员家属的安抚等工作。

3. 应急物资及装备

（1）救护人员的装备包括头盔、防护服、防护靴、防护手套、安全带、呼吸保护器具等。

（2）灭火剂包括水、泡沫、CO_2、卤代烷、干粉、惰性气体等。

（3）灭火器包括干粉、泡沫、1211、气体灭火器等。

（4）简易灭火工具包括扫帚、铁锹、水桶、脸盆、沙箱、石棉被、湿布、干粉袋等。

（5）消防救护器材包括救生网、救生梯、救生袋、救生垫、救生滑竿、缓降器等。

（6）自动苏生器包括适用于抢救因中毒窒息、胸外伤、溺水、触电等原因造成的呼吸抑制或窒息处于假死状态的伤员。

（7）器材包括固定电话，移动电话，对讲机。

（8）工程抢险交通车辆 3 台。

（9）吊装、推土设备 2 台。

（三）预案管理

1. 培训

（1）根据受训人员和工作岗位的不同，选择培训内容，制订培训计划。

（2）内容：鉴别异常情况并及时上报的能力与意识；如何正确处理各种事故；自救与互救能力；各种救援器材和工具使用知识；与上下级联系的方法和各种信号的含义；工作岗位存在哪些危险隐患；防护用具的使用和自制简单防护用具；紧急状态下如何行动。

2. 演练

项目部按照假设的事故情景，每季度至少组织一次现场实际演练，将演练方案及经过记录在案。

（四）预案修订与完善

（1）为了能把新技术和新方法运用到应急救援中去，以及对不断变化的具体情况保持一致，预案应进行及时更新，必要时重新填写。

（2）对危险源和新增装置、人员变化进行定期检查，对预案及时更新。

（3）在实践和演习中提高水平，对预案进一步合理化。

三、专项应急预案

（一）触电事故专项应急救援预案

1．总则

为了迅速有效地做好触电事故的应急救援工作，将触电事故的损失与影响降低到最低程度，特制订本预案。

本预案适用于公司区域和活动范围内所发生的触电事故的应急救援。

2．机构、职责与联络（下表）

表 2-1　公司成立触电事故应急救援领导小组

姓名	部门	职务	电话
×××	公司领导	董事长兼总经理	×××××××××××
×××	总工办	安全总监	×××××××××××
×××	安全部	经理	×××××××××××
×××	质量部	经理	×××××××××××
×××	企管部	经理	×××××××××××
×××	物资设备部	经理	×××××××××××
×××	财务部	经理	×××××××××××

公司应急救援领导小组下设办公室（设在安全部）

电话：×××××××××××

（1）应急救援领导小组负责审定“应急救援预案”，组建应急救援队伍，组织实施和演练；

（2）工程部负责施工生产调度、事故现场通信联络；

（3）办公室负责医疗救护指挥，对触电人员的现场急救及护送触电人员前往就近医院。

3．工作程序

（1）应急准备和响应的范围：施工现场发生的触电事故和其他原因发生的触电事故。

（2）应急准备。

公司所属各施工项目部应建立健全本单位应急救援组织体系，制订应急救援预案。

公司所属各施工项目部应编制应急救援演练计划，配备应急救援器材，建立通信联络方式，进行触电急救方法的学习和培训。

（3）应急响应。

发生触电事故，发现者应立即切断电源，让触电者脱离电源，并在报告现场负责人的同时迅速对症救护。

现场负责人在向本项目部应急救援领导小组报告后，应立即组织现场救护。触电者脱离电源后，应根据触电者的具体情况，迅速组织救护。

如果触电者伤势不重、神志清醒，但有些心慌、四肢发麻、全身无力，或者触电者在触电过程中曾昏迷，但已经清醒过来，应使触电者安静休息，不要走动。严密观察并请医生前来诊治或送往医院。

如果触电者伤势较重，已失去知觉，但还有心脏跳动和呼吸，应使触电者舒适、安静地平卧，周围不围人，使空气流通，解开他的衣服以利呼吸。如天气寒冷，要注意保温，并速请医生诊治或送往医院。如果发现触电者呼吸停止时立即作进一步的抢救。

如果触电者伤势严重，呼吸停止或心脏跳动停止，或二者都已停止，应立即施行人工呼吸和胸外心脏按压，并请医生诊治或送往医院。如现场仅一个人抢救，则应口对口人工呼吸与胸外心脏按压交替进行，每次吹气 2～3 次，再按压 10～15 次，吹气和按压的速度都应比双人操作的速度要快，以不降低抢救效果。

在现场救护的同时，应疏通事故现场通道，保证救援人员及车辆行驶道路畅通。

必要时请求当地政府的专业救援队伍实施救援。

4. 纠正与完善

事故单位应对触电事故应急救援计划的有效性进行评审，必要时进行修订，评审结果报公司应急救援办公室。

公司应急救援办公室应组织有关部门，对触电事故应急计划评审及修订意见进行审核，并经公司应急救援领导小组审批后，交由事故单位实施。

5. 救援与救助

事故发生时，就近选择医院进行救援救助，路线图依据各项目实际情况由应急部门针对性编制。

（二）高处坠落应急救援预案

1. 总则

为迅速有效地做好高处坠落事故的应急救援工作，将高处坠落事故的损失与影响降低到最低程度，特制订本预案。

本预案适用于公司区域和活动范围内所发生的高处坠落事故的应急救援。

2. 机构、职责与联络

公司应急救援领导小组下设办公室（设在安全部）

电话：××××××××××××

职责：

（1）应急救援领导小组负责审定应急救援预案；组织应急救援队伍；组织实施和演练；督促做好高处坠落事故的应急救援各项准备工作。

（2）领导小组组长全面负责高处坠落事故的应急救援，负责发布和解除应急救援指令。

（3）领导小组副组长协助组长负责组织指挥实施救援行动，组织事故调查、评价，并完善应急救援预案。

（4）安全部负责事故报警、情况通报及高处坠落事故的牵头调查处理工作。

（5）质量部负责施工生产调度，事故现场通信联络。

（6）企管部负责医疗救护的指挥，对高处坠落人员的现场急救及护送高处坠落人员前往医院抢救。

（7）事故应急救援领导小组和公司应急救援车联络方式见表2-2、表2-3。

表2-2　公司成立高处坠落事故应急救援领导小组

姓名	部门	职务	电话
×××	公司领导	董事长兼总经理	×××××××××××
×××	总工办	安全总监	×××××××××××
×××	安全部	经理	×××××××××××
×××	质量部	经理	×××××××××××
×××	企管部	经理	×××××××××××
×××	物资设备部	经理	×××××××××××
×××	财务部	经理	×××××××××××

表 2-3 公司应急救援车联络方式

设备名称	联系人	设备牌号	联系电话	设备地点
轿车	×××	A ×××××	×××××××××××	公司机关
轿车	×××	A×××××	×××××××××××	公司机关
轿车	×××	A×××××	×××××××××××	公司机关

注：设备牌号本表以山东省为例。

3. 工作程序

（1）应急准备。

承担高处作业施工任务的基层各单位，应建立健全本单位应急救援组织体系，制订高处坠落事故应急救援预案。

承担高处作业施工任务的基层各单位，应配备高处坠落应急救援车辆、器材，建立通信联络方式，对易发高处坠落部位进行全过程的重点监控。

（2）应急响应。

发生高处坠落事故，现场目击者要立即报告本单位应急救援小组负责人，单位负责人接报后，要立即将事故简要情况上报公司应急救援办公室。

公司应急救援办公室接报后，应立即报告公司应急救援领导小组，并视灾害情况，实施应急救援预案。

事故项目部在迅速了解事故详情，灾害情况的同时，启动本单位应急救援预案，迅速组织自救，尽量减少人员和财产损失。

（3）应急措施。

高处坠落事故发生后，在事故单位应急救援小组的领导下，由事故单位医疗人员组织有关人员进行现场急救。

遇有外出血用止血带进行止血；无法用止血带处，用指压法止血。

遇有骨折先进行应急固定处理，开放性骨折，必须找齐残肢，不可处理，适当保温，以最快速度送往医院。

在送往医院途中，车辆应尽量减少颠簸，且不能停止救护。

在组织现场救护时，应及时疏通事故现场通道，保证救援人员及车辆行驶道路畅通。

必要时请当地政府的专业救援队伍实施救援。

事故单位必须保护好事故现场，如确因抢救伤员而移动现场物体时，应做好标记。

4. 管理要求

项目部定期组织对应急救援工作的落实情况进行检查，并纳入公司管理考核评比中。

公司所属各单位应结合实际，充实完善本单位的事故应急救援预案，使之更具可操作性，并定期组织演练，提高应变和控制能力。

5. 救援与救助

事故发生时，就近选择医院进行救援救助，路线图依据各项目实际情况由应急部门针对性编制。

（三）淹溺事故应急救援预案

1. 总则

为了迅速有效地做好落水淹溺事故的应急救援工作，将淹溺事故的损失与影响降低到最低程度，特制订本预案。

2. 适用范围

本预案适用于公司区域和活动范围内所发生的落水淹溺事故的应急救援。

3. 机构、职责与联络

职责：

（1）指挥领导小组负责审定“应急救援预案”，组建应急救援队伍；组织实施和演练；督促做好落水淹溺事故的应急救援各项准备工作。

（2）领导小组组长全面负责落水淹溺事故的应急救援，副组长协助组长负责应急救援的总体指挥工作。

(3) 应急救援领导小组负责发布和解除应急救援命令，组织指挥实施救援行动，向上级汇报和有关单位通报事故情况，必要时向有关单位发出救援请求，组织事故调查，总结应急救援经验教训。

(4) 安全部负责事故报警，情况通报及落水淹溺事故的牵头调查处理工作。

(5) 工程部负责施工生产调度、事故现场通信联络、抢险物资供应和运输。

(6) 办公室负责医疗救护指挥、对落水淹溺人员的现场急救及护送溺水人员前往就近医院。

(7) 淹溺事故应急救援领导小组模板见表2-4，公司应急救援车联络方式见表2-5。

表2-4 公司成立淹溺事故应急救援领导小组

姓名	部门	职务	电话
×××	公司领导	董事长兼总经理	×××××××××××
×××	总工办	安全总监	×××××××××××
×××	安全部	经理	×××××××××××
×××	质量部	经理	×××××××××××
×××	企管部	经理	×××××××××××
×××	物资设备部	经理	×××××××××××
×××	财务部	经理	×××××××××××

表2-5 公司应急救援车联络方式

设备名称	联系人	设备牌号	联系电话	设备地点
轿车	×××	鲁A×××××	×××××××××××	公司机关
轿车	×××	鲁A×××××	×××××××××××	公司机关
轿车	×××	鲁A×××××	×××××××××××	公司机关

4. 工作程序

(1) 应急准备和响应的范围：抢险救灾发生的落水淹溺和其他原因发生的落水淹溺。

(2) 应急准备。

公司所属临水作业的各单位应建立本单位的应急救援组织机构、制订应急救援预案、编制演练计划。

公司所属临水作业的各单位应成立相应的应急救援队伍、配备应急救援器材、建立通信联络方式、指定应急救援船只，进行必要的落水急救演练。

(3) 应急响应。

发生紧急情况后，发现者应立即报告现场负责人，同时向本单位应急救援领导小组报告。

事故单位应急救援领导小组负责人接到报告后应立即启动应急救援预案，并同时报公司落水淹溺事故应急救援办公室、应急救援办公室应立即报告公司应急救援领导小组，实施应急救援的指挥。

（4）应急措施。

落水淹溺事故发生后，按应急预案总体要求，首先组织自救。在自救过程中，应首先确保落水人员的安全，迅速组织救捞上岸。

溺水人员的抢救程序：

① 将溺水人员迅速救出水面。

② 倾倒出溺水者呼吸道内积水，呼吸停止者应立即施行口对口人工呼吸，心跳停止者，应在胸外心脏按压的同时进行人工呼吸。

③ 若是寒冷季节或较长时间浸在水中，体温下降者，应采取保温措施。

④ 要快速急救防止引起肺炎。

⑤ 急救的同时，应尽快送医院进一步治疗。

⑥ 疏通事故现场通道，保证救援人员及车辆行驶道路通畅。

⑦ 必要时请求当地政府的专业救援队伍实施救援。

（5）管理要求。

公司定期组织对应急救援工作的落实情况进行检查，并纳入公司管理考核评比中。

公司所属各单位应结合实际，充实完善本单位的事故应急救援预案，使之更具可操作性，并定期组织演练，提高应变和控制能力。

5. 应急总结与奖惩

应急救援工作结束后，应当积极组织有关部门，相关人员进行总结、分析、吸取事件的教训及时进行整改，并对有关人员进行奖惩。

对瞒报、迟报、漏报、误报重大特大事故和突发事件中玩忽职守、不听从指挥、不认真负责、临阵脱逃的人员和扰乱妨碍重大特大事故抢险的人员应按照有关规定给与责任追究或行政处分。

6. 救援与救助

事故发生时，就近选择医院进行救援救助，路线图依据各项目实际情况由应急部门针对性编制。

（四）环境污染事故应急救援预案

1. 总则

根据《中华人民共和国环境保护法》，为预防和控制公司施工生产，生活区域内潜在的环境污染事故或紧急情况，做出应急准备和响应，最大限度地减少或降低对生态环境的影响，特制订本预案。

2. 适应范围

本预案适用于公司施工现场及生活区、办公区可能出现的环境污染事故的预防和处理。

3. 环境污染事故（重要环境因素）分类与工作原则

经对公司环境因素的辨识、评价，确定出公司可能产生环境污染事故的重要环境因素，具体分类为：

（1）拌合楼粉尘污染：在混凝土拌合中，由于施工粉尘对大气的污染而受到相关方投诉的。

（2）噪声污染：施工机械在施工中产生的噪声受到相关方投诉的。

（3）生活废水排放：未经处理直接排放而可能造成对水域的污染。

上述污染一经发生，公司与各责任单位须立即启动应急救援预案，做出应急响应，以达到有效控制，保护环境的目的。

4. 组织机构与职责

职责：

(1) 应急救援领导小组负责审定“应急救援预案”，组织应急救援队伍，督促检查环境污染事故的应急救援各项准备工作。

(2) 领导小组组长全面负责环境污染事故的应急救援，负责发布和解除应急救援指令。

(3) 领导小组副组长协助组长负责指挥实施应急救援行动，组织污染事故调查、评价，并完善应急救援预案。

(4) 安全部负责事故报警、情况通报，负责与上级主管部门的联络，协助上级主管部门进行事故的调查及处理工作。

(5) 工程部负责施工生产调度及现场通信联络。

(6) 综合事务部负责医疗救护的指挥，对环境污染事故可能危及人员伤害的现场急救。

(7) 公司成立环境污染事故应急救援领导小组，模板见表 2-6；公司应急救援车联络方式模板见表 2-7。

表 2-6 公司成立环境污染事故应急救援领导小组

姓名	部门	职务	电话
×××	公司领导	董事长兼总经理	×××××××××××
×××	总工办	安全总监	×××××××××××
×××	安全部	经理	×××××××××××
×××	质量部	经理	×××××××××××
×××	企管部	经理	×××××××××××
×××	物资设备部	经理	×××××××××××
×××	财务部	经理	×××××××××××

表 2-7 公司应急救援车联络方式

设备名称	联系人	设备牌号	联系电话	设备地点
轿车	×××	鲁 A×××××	×××××××××××	公司机关
轿车	×××	鲁 A×××××	×××××××××××	公司机关
轿车	×××	鲁 A×××××	×××××××××××	公司机关

5. 工作程序

各施工项目部应建立健全本项目环境污染应急救援组织，制订环境污染事故应急救援预案并报公司审查备案。

各施工项目部应针对本单位施工、生活区域的特点，对可能造成的环境污染，配备相应的应急救援器材，建立通信联络方式，对可能造成环境污染的部位进行全过程的重点监控。

发生环境污染事故，现场目击者要立即报告本单位应急救援小组负责人，单位负责人接报后，要立即将事故情况报公司应急救援办公室。公司应急救援办公室接报后，应立即报告公司应急救援领导小组，并视污染情况，实施并启动应急救援预案。

事故责任单位在迅速了解事故情况的同时，启动本单位应急救援预案，迅速组织自救，尽量减少环境污染。

6. 应急措施

发生污染事故，责任单位在向上级通报的同时，立即采取安放防油污隔离带，以防止油污扩散。

发生粉尘污染而受到相关方投诉，应立即停止生产，并仔细查清原因，并采取相应预防预控措施。

发生噪声污染应认真查找主观原因，决不允许寻求客观原因，对投诉方应耐心解释并认真遵守国家、省、市环保相关法律法规。

生活污水排放应符合国家环保规定，对有毒、有害液体排放必须先行处理，符合环保规定方可排放。

7. 纠正与完善

环境污染事故发生后，事故发生单位负责人应在 24 小时内以书面形式上报公司应急救援领导小组。

公司安全部人员负责组织有关部门人员对应急计划的有效性进行评审，必要时进行修订，尤其在事故发生后，安全部应组织相关部门和单位进行原因分析，采取纠正措施，并对其实施效果进行监督验证。

8. 救援与救助

事故发生时，就近选择医院进行救援救助，路线图依据各项目实际情况由应急部门针对性编制。

（五）防震减灾应急救援预案

1. 总则

为高效有序地做好临震应急准备和震后应急救援工作，最大限度地减少因地震灾害造成的人员伤亡和财产损失，根据《中华人民共和国安全生产法》以及省、市、上级等有关文件要求，制订本预案。

2. 适用范围

本预案适用于公司所属各单位以及公司所有施工生产、生活办公区域。

3. 破坏性地震分类与应对原则

按震级及其造成的破坏程度，破坏性地震分为一般破坏性地震和严重破坏性地震。

在市辖区内发生6级以下的破坏性地震或造成一定数量人员和经济损失的地震为一般破坏性地震；6级以上（含6级）的地震或造成严重的人员伤亡和经济损失的地震为严重破坏性地震。

地震应急救援工作实行公司统一领导，分级、分部门负责的原则。当破坏性地震一旦发生，各单位要在灾区所在地政府和公司的领导下组织好本单位的应急工作并服从统一指挥调动。

4. 组织机构与职责

公司成立防震减灾领导小组，由公司领导、总工办安全总监、安全部、质量部、企管部、物资设备部、财务部组成，办公室设在公司安全部。

主要职责：

（1）负责指导各单位开展防震应急工作。

（2）接受所在地政府抗震救灾指挥部的指挥，负责组织领导、部署协调、监督检查全公司的应急救援工作。

（3）在公司范围内紧急调用救援设备、物资、人员。

（4）根据灾害的变化，领导受灾单位现场的抢险救灾工作。

5. 临震应急措施

根据当地政府发布的破坏性地震预报，各单位进入临震应急期并做好相应的应急准备工作。

按当地政府明令对公司职工、设备及物资有组织地进行避震疏散。

对本单位抢险救灾的准备工作进行监督检查，包括落实救灾人员，组织储备食品、药品、救灾物资等。

要求有关部门和各单位对生命线工程和次生灾害源采取紧急防护措施。

协助政府部门平息地震谣传，保持公司的稳定。

6. 震后应急救援措施

地震发生后，公司及所属各单位要立即启动应急救援预案。

受灾单位震后15分钟内须将简要受灾情况报总经理办公室。接报后，公司应急救援领导小组成员要立即前往地震现场，指挥救援工作。

受灾单位迅速组织自救互救，尽量减少人员伤亡和财产损失。

公司组织非受灾单位进行援助并组织救援设备、车辆、物品及时到位，投入救援。

向上级报告地震受灾情况，请求上级及社会的援助。

7. 通信联络

防震减灾应急救援领导小组模板见表2-8，应急救援车联络方式见表2-9。

表2-8　公司成立防震减灾应急救援领导小组

姓名	部门	职务	电话
×××	公司领导	董事长兼总经理	×××××××××××
×××	总工办	安全总监	×××××××××××
×××	安全部	经理	×××××××××××
×××	质量部	经理	×××××××××××
×××	企管部	经理	×××××××××××
×××	物资设备部	经理	×××××××××××
×××	财务部	经理	×××××××××××

表2-9　公司应急救援车联络方式

设备名称	联系人	设备牌号	联系电话	设备地点
轿车	×××	鲁A×××××	×××××××××××	公司机关
轿车	×××	鲁A×××××	×××××××××××	公司机关
轿车	×××	鲁A×××××	×××××××××××	公司机关

8. 预案贯彻执行的保障措施

（1）通信与信息保障：定期调整公示公司与社会相关资源的信息，以保证应急救援的通信畅通。

（2）装备与支援保障：各类装备定期修验，确保使用安全有效，以保证应急救援的需要。

（3）宣传、培训与演练：定期组织各类宣传培训，讲解、演练应急救援预案与方法。

9. 应急总结与奖惩

应急救援工作结束后，应当积极组织有关部门，相关人员进行总结、分析、吸取事件的教训及时进行整改，并对有关人员进行奖惩。

对瞒报、迟报、漏报、误报重大特大事故和突发事件中玩忽职守、不听从指挥、不认真负责、临阵脱逃的人员和扰乱妨碍重大特大事故抢险的人员应按照有关规定给与责任追究或行政处分。

10. 救援与救助

事故发生时，就近选择医院进行救援救助，路线图依据各项目实际情况由应急部门针对性编制。

（六）防爆炸事故处理预防措施

为保障人民生命财产安全，预防爆炸事故的发生，最大限度地减少因爆炸造成的经济损失，依照《民用爆炸物品安全管理条例》《危险化学品管理条例》和国家标准《爆破安全规程》（GB 6722—2014），特制订本方案。

本预案适用于公司范围内可能发生的爆破器材、化学危险品爆炸事故的预防和应急救援。

1. 应急处理机构和职责

（1）公司成立防爆炸应急领导小组组长：公司董事长兼总经理。

副组长：总工办安全总监。

成员部门：公司领导、总工办安全总监、安全部、质量部、企管部、物资设备部、财务部。

（2）公司防爆炸领导小组下设办公室（设在安全部）。

紧急电话：火警 119、巡警 110、救护 120。

（3）主要职责

① 防爆炸领导小组负责审定“防爆炸应急预案”，组织专项检查，做好防爆炸应急的准备工作；

② 组长全面负责防爆炸应急工作，并依据险情适时发布指令；

③ 副组长协助组长负责组织相关部门对爆炸物品的监督检查，负责检查对防爆炸应急预案的布置的落实情况，组织对爆炸事故的协助调查工作，评价并完善应急预案；

④ 安全部负责制订“防爆炸应急预案”、负责爆炸事故的通报及牵头调查处理

工作；

⑤ 相关成员部门负责现场进行事故调查的通信联络、疏散和救援、现场保护和伤员的抢救，协助公安部门。

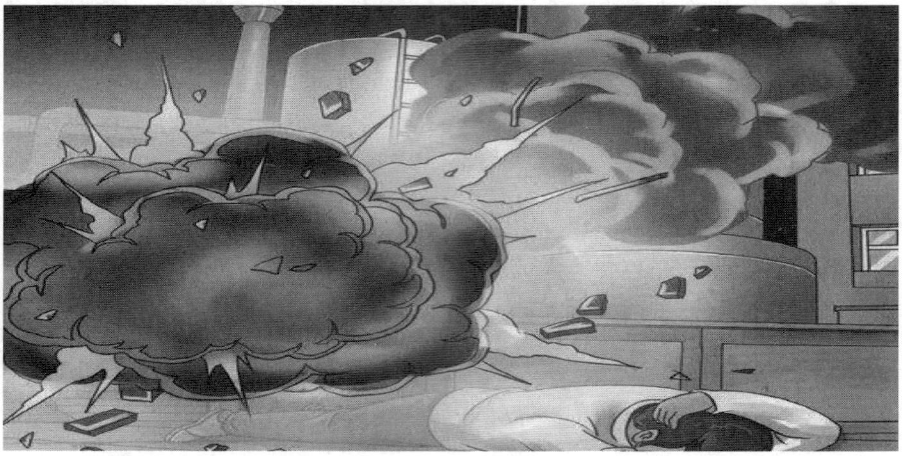

2. 工作程序

（1）应急准备：

① 施工项目部应建立健全本项目的爆炸应急预案组织，制订本项目的防爆炸应急预案；

② 施工项目部应按《民用爆炸物品安全管理条例》《危险化学品管理条例》和《公司爆炸物品管理办法》配备相应的应急救援器材、设备；

③ 对易引发爆炸的重点部位，进行全过程监控，定期检查不间断巡查。

（2）应急响应：

① 发生爆炸事故后，现场目击者应立即报告本单位现场负责人，现场负责人应立即报警并同时报安全部，简要说明情况；

② 公司安全部在接到报告后，应立即报告公司防爆炸领导小组主要领导并通知相关部门，迅速赶赴爆炸现场；

③ 事故责任单位应迅速了解爆炸事故情况，立即启动本单位防爆应急预案，在确认再无爆炸可能的前提下进行自救，减少人员伤亡和经济损失；

④ 事故现场总指挥：

a. 要根据了解爆炸现场的实际情况，适时地发布救援行动命令；

b. 必要时可同时启动《防火应急疏散预案》，及时疏散人员及船机、机械等设备；

c. 随时协调解决事故中出现的问题；

d. 积极与公安、消防部门配合，做好相关工作；

e. 及时组织相关人员确定爆炸事故过程中的人员伤亡、机械损坏情况。

（3）应急措施：

① 发生爆炸事故后，事故责任单位应急小组应立即逐级上报相关主管部门；

② 防爆炸应急小组，应立即组织本单位医务人员及相关人员，在现场指挥发布命

令后，对事故中受伤人员进行现场急救；

③ 组织人员疏散爆炸现场机械，迅速扑灭因爆炸引起的火灾，减少损失；

④ 组织车辆对伤情较重人员及时送往医院进行救治，并保证现场通道畅通；

⑤ 事故单位必须保护好事故现场，并派专人进行警戒，等待公安部门对事故进行现场勘察。

3. 救援与救助

事故发生时，就近选择医院进行救援救助，路线图依据各项目实际情况由应急部门针对性编制。

（七）防火应急处理措施

为了及时有效地做好扑救火灾工作，最大限度地减少火灾造成的人员伤亡和降低火灾造成经济损失，依照中华人民共和国公安部第 61 号令《机关、团体、企业、事业单位消防安全管理规定》特制订本方案。

本预案适用于公司范围内所发生的火灾事故应急疏散。

1. 组织机构与职责

（1）机构。

公司成立防火事故应急救援领导小组模板见表 2-10。

表 2-10　防火事故应急救援领导小组

姓名	部门	职务	电话
×××	公司领导	董事长兼总经理	×××××××××××
×××	总工办	安全总监	×××××××××××
×××	安全部	经理	×××××××××××
×××	质量部	经理	×××××××××××
×××	企管部	经理	×××××××××××
×××	物资设备部	经理	×××××××××××
×××	财务部	经理	×××××××××××

（2）职责。

① 应急疏散领导小组负责审定“防火应急疏散预案”，组织义务消防队并实施演练，做好防火应急疏散的各项准备工作；

② 组长全面负责防火应急疏散工作并适时发布指令；

③ 副组长协助组长负责组织指挥防火应急疏散行动，组织火灾事故的协助调查工作，评价并完善应急预案；

④ 安全部负责火灾事故的报警、组织扑救、人员疏散、火灾情况的通报及事后的牵头调查处理工作；

⑤ 相关成员部门负责现场的通信联络、机械设备的救援和疏散、伤员的急救处置及抢救、协助调查火灾事故的工作。

2. 工作程序

（1）应急疏散准备。

① 各施工项目部应建立健全本项目部的防火应急疏散组织体系，制订本项目部的防火应急疏散预案；

② 各施工项目部应按要求配备消防器材，对易引发火险的重点部位进行巡查和监控；

③ 保证消防通道的畅通及防火设施完备有效。

（2）应急响应。

① 一旦发生火灾险情时，发现人应立即报告本单位现场负责人并报警，单位负责人应立即报告公司安全部，并简要说明情况；

② 公司安全部接到报告后，应立即报告公司防火应急领导小组，并赶赴火灾现场；

③ 现场总指挥：

a. 综合分析火场情况，适时地发布行动指挥命令；

b. 决定疏散时，负责疏散程序的执行；

c. 负责协调各部门安全疏散的组织领导；

d. 随时解决疏散、灭火中出现的问题；

e. 与专业消防部门的总指挥紧密合作，提供一切方便，协助灭火；

f. 负责组织相关人员对疏散人员区域进行巡查，确定所有人员都能按指令安全疏散。

（3）应急措施。

① 火灾事故发生后，事故单位应急小组，应立即组织本单位医务人员及相关人员，对火灾事故中的伤员按不同伤情进行现场急救；

② 对伤情较重人员及时送往医院进行救治；

③ 组织现场救护时，应及时协调相关人员和部门，疏导现场通道，保证救护工作的顺利进行；

④ 事故单位必须保护好火灾第一现场，并派专人进行警戒，等待专业部门进行现场勘察。

3. 救援与救助

事故发生时，就近选择医院进行救援救助，路线图依据各项目实际情况由应急部门针对性编制。

（八）起重机械重大特大事故应急措施

为了有效预防，及时控制和消除突发性的起重机械重大特大事故的危害，最大限度地减少事故造成的损失，维护社会稳定，促进经济发展，根据《特种设备安全监察条例》，结合公司的实际，制订本预案。

本预案为处理公司起重机械重大特大事故应急救援工作的程序和原则。本预案确定起重机械重大特大事故专业抢险救援单位参与相关抢险救援工作。

本预案所指重大特大事故发生在公司使用、安装、维修起重机械的单位，突然发生造成或可能造成重大特大人身安全和重大财产损失的事故，主要为履带、汽车、轮胎等起重机造成的人身伤亡事故。

重大特大事故的具体标准按国家、行业、地方政府的有关规定执行。

起重机械重大特大事故应急处理工作应贯彻统一领导、专业分工、反应及时、指挥果断、依靠科学、加强合作的原则。

各起重机械使用单位应当建立严格的起重机械重大特大事故防范措施和应急处理责任制，切实履行各自职责，积极配合处理起重机重大特大事故应急抢救工作，保证起重机械重大特大事故应急处理工作正常进行。

1. 应急处理机构和职责

公司成立起重机械重大事故应急救援领导小组模板见表 2-11。

表 2-11　起重机械重大事故应急救援领导小组

姓名	部门	职务	电话
×××	公司领导	董事长兼总经理	×××××××××××
×××	总工办	安全总监	×××××××××××
×××	安全部	经理	×××××××××××
×××	质量部	经理	×××××××××××
×××	企管部	经理	×××××××××××
×××	物资设备部	经理	×××××××××××
×××	财务部	经理	×××××××××××

各起重机械保有单位组织现场指挥小组，设现场救援队伍，负责组织实施救援工作，其主要职责为：

(1) 在起重机械重大特大事故应急指挥中心领导下，组织专业抢险队伍及各方面力量对现场进行应急抢险救援工作，控制事故蔓延和扩大。

(2) 核实事故现场人员伤亡情况和损失情况，及时向公司领导和指挥中心汇报抢险救援工作及事故应急处理进展情况。

（3）落实上级指挥部门部署的有关抢险措施。

（4）现场指挥长的主要职责为负责召集各参与抢险救援部门和单位的现场负责人，研究现场救援方案，制订具体救援措施，明确各单位的职责分工。

2. 预防应急措施

（1）起重机械使用单位和应急抢救单位，应根据本规定和实际情况制订本单位的起重机械重大特大事故应急处理预案。

（2）起重机械重大特大事故应急预案应包括以下内容：

① 本单位的起重机数量、安装位置、分布情况；

② 在日常运行使用过程中出现的，可引发重大事故的故障类型、征兆和对应措施；

③ 应急救援管理网络和抢险救援队伍名单及各自职责；

④ 联系人、地点、电话等。

（3）各单位应根据起重设备的特点和应急救援预案的规定，配备必要的工具、设备、救援物品等物资储备。

（4）各设备使用单位和应急抢救单位应定期组织对事故应急处理知识和技能培训，应急演习。

（5）各使用单位定期对起重设备进行日常维修、保养、自检；定期报质量技术监督局检测；设备出现故障或发生异常情况后，应全面检查，消除隐患后才可重新投入使用。

3. 事故报告与现场保护

起重机械重大特大事故发生后，事故单位应立即做到：

（1）根据本预案的规定，迅速采取有效措施，积极组织抢险救援工作，防止事故蔓延扩大。

（2）严格保护事故现场。

（3）立即拨打120急救电话报告，同时向有关部门报告。

4. 应急处理

(1) 起重机械重大特大事故发生后，事故单位的设备操作人员、维修人员、部门主管、分管领导、安全生产第一责任人应按本预案采取积极有效的抢救措施，事故单位的主要负责人在抢险救援该事故调查期间不得擅离职守。

(2) 紧急预案启动后，参加重大特大事故应急处理工作人员，应当按照本预案的规定采取安全预防措施，并在专业人员的指导下进行工作。

5. 救援与救助

事故发生时，就近选择医院进行救援救助，路线图依据各项目实际情况由应急部门针对性编制。

(九) 公司重大交通事故应急预案

1. 总则

为及时有效地做好公司所管车辆重大交通事故的抢救工作，最大限度地减少因交通事故造成的人员伤亡和经济损失，依照《中华人民共和国道路交通安全法》特制订本预案。

本预案适用于公司所管车辆发生的重大交通事故的应急救援。

2. 组织机构与职责

(1) 机构。

公司成立重大交通事故应急救援领导小组模板见表2-12。

表2-12　重大交通事故应急救援领导小组

姓名	部门	职务	电话
×××	公司领导	董事长兼总经理	×××××××××××
×××	总工办	安全总监	×××××××××××
×××	安全部	经理	×××××××××××
×××	质量部	经理	×××××××××××
×××	企管部	经理	×××××××××××
×××	物资设备部	经理	×××××××××××
×××	财务部	经理	×××××××××××

(2) 职责。

① 重大交通事故应急救援领导小组负责审定“重大交通事故应急预案”。

② 组长全面负责应急抢救工作并适时发布指令。

③ 副组长协助组长负责组织机关部门对驾驶员和机动车辆的监督检查，负责检查应急预案的布置和落实。组织对重大交通事故的抢救和协调工作，评价并完善预案。

④ 办公室负责制订“重大交通事故应急预案”，负责对公司驾驶员和机动车辆的监督检查，负责交通事故接报警并通报保险公司，组织抢救和交通事故协查工作。

⑤ 相关成员负责通信联络，车辆救援，伤员抢救及现场保护，协助调查交通事故，施工项目部、各部门分别制订本部门相关预案。

3. 应急响应与实施

（1）发生重大交通事故时，当事人或同乘人应立即拨打 110 公安报警电话进行报警，并积极抢救受伤人员，保护现场。

（2）在报警抢救伤员的同时，应立即报告公司设备管理部或所在单位负责人，并需要说明事故发生地点、时间及现场损失、伤亡情况。

（3）应急领导小组长在接到报告后，视情况启动应急预案，指令相关部门或人员立即进行处理。

（4）积极查找现场目击人，详细记录目击人姓名，单位或住址，为事故调查提供证据。

（5）办公室或所在单位负责人接到报告后，应迅速逐级反映事故情况，并立即赶赴现场，协调抢救和事故调查工作。

4. 救援与救助

事故发生时，就近选择医院进行救援救助，路线图依据各项目实际情况由应急部门针对性编制。

（十）施工现场挖断水、电、通信光缆、煤气管道应急预案

1. 应急准备

（1）组织机构。

公司成立挖断水、电、通信光缆、煤气管道应急救援领导小组模板见表2-13。

表2-13　挖断水、电、通信光缆、煤气管道应急救援领导小组

姓名	部门	职务	电话
×××	公司领导	董事长兼总经理	×××××××××××
×××	总工办	安全总监	×××××××××××
×××	安全部	经理	×××××××××××
×××	质量部	经理	×××××××××××
×××	企管部	经理	×××××××××××
×××	物资设备部	经理	×××××××××××
×××	财务部	经理	×××××××××××

（2）培训和演练。

① 各项目部每年进行一次按“应急响应”的要求进行模拟演练。各组员按其职责分工，协调配合完成演练。演练结束后组长组织对“应急响应”的有效性进行评价，必要时对“应急响应”的要求进行调整或更新。演练、评价和更新的记录应予以保存。

② 安全部负责对相关人员每年进行一次培训。

③ 应急物资的维护、保养及测试。

④ 加强对各种防护设施的日常管理，定期检查，随时保持良好状态。

2. 应急响应

（1）最先发现挖断水、电、通信光缆、煤气管道的，要立即报告项目部应急负责人，应急负责人负责现场总指挥，即刻组织迅速封锁（事故）事件现场，将事故点20m内进行维护隔离，采取临时措施将（事故）事件的损失及影响降至最低点，并电话通报公司应急小组副组长及值班电话。

（2）安全员立即拨打当地自来水报修中心电话；拨打当地市供电急修电话；拨打当地市通信光缆急修电话；拨打当地市燃气报修电话。电话描述清楚内容、单位名称、所在区域、周围显著标志性建筑物、主要路线、候车人姓名、主要特征、等候地址、所发生事故事件的情况及程度，随后到路口引导维修车辆。

（3）公司应急小组副组长到达事件现场后，立即组织事件调查，并将事件的初步调查通报公司应急小组组长。

（4）公司应急小组组长接到事件通报后，上报当地主管部门，等候调查处理。

3. 潜在的应急准备和响应（事故）事件

（1）发生潜在（事故）事件、物质：盲目作业。

（2）发生潜在（事故）事件场所：生产作业区域。

（3）发生潜在（事故）事件场所配备器材：防护器材、设施。

（4）应急演练：每年一次。

（5）应急准备和响应物资：防护器材、设施。

4. 救援与救助

事故发生时，就近选择医院进行救援救助，路线图依据各项目实际情况由应急部门针对性编制。

（十一）坍塌事故应急预案

1. 应急准备

（1）组织机构。

公司成立坍塌事故应急救援领导小组模板见表2-14。

表2-14　坍塌事故应急救援领导小组

姓名	部门	职务	电话
×××	公司领导	董事长兼总经理	×××××××××××
×××	总工办	安全总监	×××××××××××
×××	安全部	经理	×××××××××××
×××	质量部	经理	×××××××××××
×××	企管部	经理	×××××××××××
×××	物资设备部	经理	×××××××××××
×××	财务部	经理	×××××××××××

（2）培训和演练。

① 各项目部可每年进行一次按坍塌事故“应急响应”的要求进行模拟演练。各组员按其职责分工，协调配合完成演练。演练结束后由组长组织对“应急响应”的有效性进行评价，必要时对“应急响应”的要求进行调整或更新。演练、评价和更新的记录应

予以保存。

② 安全部负责对相关人员每年进行一次培训。

(3) 应急物资的准备、维护、保养。

① 应急物资的准备：简易担架、跌打损伤药品、包扎纱布。

② 各种应急物资要配备齐全并加强日常管理。

(4) 预防措施。

① 深基础开挖前先采取井点降水，将水位降至开挖最深度以下，防止开挖时出水塌方。

② 材料准备：开挖前准备足够优质木桩和脚手板，装土袋，以备护坡（打桩护坡法），为防止基础出水，准备两台抽水泵，随时应急。

③ 深基础开挖，另一种措施是准备整体喷浆护坡，开挖时现场设专人负责按比例放坡，分层开挖，开挖到底后，由专业队做喷浆护坡，确保边坡整体稳固。

2. 应急响应

(1) 防坍塌事故发生，各项目部成立义务小组，由项目经理担任组长，生产负责人及安全员，各专业工长为组员，主要负责紧急事故发生时有条有理地进行抢救或处理，外包队管理人员及后勤人员，协助做好相关辅助工作。

(2) 发生坍塌事故后，由项目经理负责现场总指挥，发现事故发生人员首先高声呼喊通知现场安全员，由安全员打 120 事故急救电话，向上级有关部门或医院打电话抢救；如有人员被埋，应首先按部位进行抢救，其他组员采取有效措施，防止事故发展扩大，让外包队负责人随时监护，边坡状况，及时清理边坡上堆放的材料，防止造成次生事故的发生。

(3) 在向有关部门通知抢救电话的同时，对轻伤人员在现场采取可行的应急抢救，如现场包扎止血等措施。防止受伤人员流血过多造成死亡事故发生。

(4) 预先成立的应急小组进行人员分工，各负其责，有程序地处理事故、事件，最大限度地减少人员和财产损失。

（5）事故后处理工作：

① 查明事故原因及责任人。

② 以书面形式向上级写出报告，包括发生事故时间、地点、受伤（死亡）人员姓名、性别、年龄、工种、伤害程度、受伤部位。

③ 制订有效的预防措施，防止此类事故再次发生。

④ 组织所有人员进行事故教育。

⑤ 向所有人员进行事故教育。

⑥ 向所有人员宣读事故结果，及对责任人的处理意见。

3. 潜在的应急准备和响应（事故）事件

（1）发生潜在（事故）事件场所：生产作业区域。

（2）发生潜在（事故）事件场所配备器材：急救器材、设施、防汛物资。

（3）应急计划：每季度一次。

（4）应急准备和响应物资：急救器材、设施、防汛物资。

4. 救援与救助

事故发生时，就近选择医院进行救援救助，路线图依据各项目实际情况由应急部门针对性编制。

（十二）物体打击事故应急预案

1. 应急准备

（1）组织机构。

公司成立物体打击事故应急救援领导小组模板见表 2-15。

表 2-15　物体打击事故应急救援领导小组

姓名	部门	职务	电话
×××	公司领导	董事长兼总经理	×××××××××××
×××	总工办	安全总监	×××××××××××

续表

姓名	部门	职务	电话
×××	安全部	经理	×××××××××××
×××	质量部	经理	×××××××××××
×××	企管部	经理	×××××××××××
×××	物资设备部	经理	×××××××××××
×××	财务部	经理	×××××××××××

（2）培训和演练。

① 各生产单位每年可行时进行一次按物体打击事故应急响应的要求进行模拟演练。各组员按其职责分工，协调配合完成演练。演练结束后由组长组织对应急响应的有效性进行评价，必要时对应急响应的要求进行调整或更新。演练、评价和更新的记录应予以保存。

② 安全部负责对相关人员每年进行一次培训。

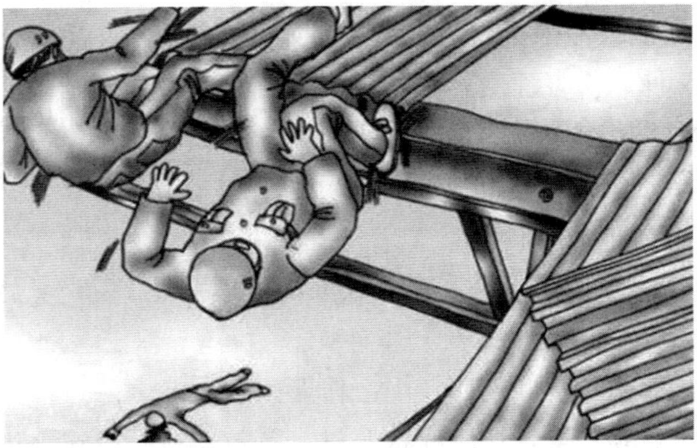

（3）应急物资的准备、维护、保养。

① 应急物资的准备：简易担架、跌打损伤药品、包扎纱布。

② 各种应急物资要配备齐全并加强日常管理。

2. 应急响应

（1）防物体打击事故发生，各生产单位成立义务小组，由单位负责人担任组长，生产负责人及安全员，各专业工长为组员，主要负责紧急事故发生时有条不紊地进行抢救或处理，外包队管理人员协助生产负责人做好相关辅助工作。

（2）发生物体打击事故后，由单位负责人现场总指挥，发现事故发生人员首先高声呼喊，通知现场安全员，由安全员打120事故急救电话，向上级有关部门或医院打电话抢救，同时通知生产负责人组织紧急应变小组进行可行的应急抢救，如现场包扎、止血等措施，防止受伤人员流血过多造成死亡事故发生。

（3）预先成立的应急小组人员分工，各负其责，有程序地处理事故、事件，最大限度地减少人员和财产损失。

（4）事故后处理工作。

① 查明事故原因及责任人。

② 以书面形式向上级写出报告，包括发生事故时间、地点、受伤（死亡）人员姓名、性别、年龄、工种、伤害程度、受伤部位。

③ 制订有效的防范措施，防止此类事故再次发生。

④ 组织所有人员进行事故教育。

⑤ 向所有人员宣读事故结果及对责任人的处理意见。

3. 潜在的应急准备和响应（事故）事件

（1）发生潜在（事故）事件场所：生产作业区域。

（2）发生潜在（事故）事件场所配备器材：急救器材、设施、防汛物资。

（3）应急计划：每年一次。

（4）应急准备和响应物资：急救器材、设施、防汛物资。

4. 救援与救助

事故发生时，就近选择医院进行救援救助，路线图依据各项目实际情况由应急部门针对性编制。

（十三）办公区防火应急预案

为维护项目部正常的办公和生活秩序，进一步强化安全消防工作，确保员工的人身和公共财产安全，根据安全消防法纪法规的要求，结合公司实际情况，特制订安全消防应急计划。

1. 指导思想

以“隐患险于明火，防范胜于救灾，责任重于泰山”为消防安全工作的指导思想，安全消防人人有责。坚持“安全第一，预防为主”的方针，注重事前教育、事前防范，杜绝各种不安全隐患。

2. 组织领导

（1）成立办公区消防安全应急领导工作组模板见表 2-16。

表 2-16　办公区消防安全应急领导工作组

姓名	部门	职务	电话
×××	公司领导	董事长兼总经理	×××××××××××
×××	总工办	安全总监	×××××××××××
×××	安全部	经理	×××××××××××
×××	质量部	经理	×××××××××××
×××	企管部	经理	×××××××××××
×××	物资设备部	经理	×××××××××××
×××	财务部	经理	×××××××××××

（2）值班制度。

实行 24 小时值班制度，值班室设在公司办公室。

消防安全应急领导工作组必须保持 24 小时的通信畅通。

（3）24 小时值班情况见表 2-17（依据项目实际情况填写）。

表 2-17　24 小时值班情况

日期	值班人员	值班人员联系方式
星期一	×××	×××
星期二	×××	×××
星期三	×××	×××
星期四	×××	×××
星期五	×××	×××
星期六	×××	×××
星期日	×××	×××

3. 明晰职责

消防安全应急领导工作组，负责办公区的安全消防工作。

4. 宣传教育

认真学习《中华人民共和国消防条例》，积极贯彻公司消防安全的指示精神，定期组织消防安全知识的培训，通过专项培训、组织学习，向员工宣传普及消防安全知识。

5. 安全管理

（1）准确了解掌握办公区消防器材的置放地点、数量、有效期，并定期检查。

（2）正确使用消防器材，熟知消防电话 119、急救电话 120。

（3）准确了解掌握办公楼安全通道各个外门的备用钥匙，定期查用。

6. 日常规范

（1）办公室坚守工作岗位，把消防安全作为每天的首要任务认真落实。

（2）禁止使用电炉、电热杯、热得快等违章电器，禁止私拉乱接电线。

（3）禁止在办公区内焚烧各种纸张。

（4）严禁办公区吸烟，为接待外来人员设专门吸烟处。

（5）禁止在办公区存放易燃、易爆物品。

（6）禁止在楼道内停放自行车、堆放杂物。

（7）食堂液化瓶每日用前检查有无漏气现象。

（8）灭火器材专人保管，严禁其他人员移动或挪用。

（9）熟悉楼内电控柜、电闸箱的位置及使用方法。

7. 应急计划

火灾无情，瞬间会对人的生命及财产造成重大的危害和损失。一旦有火情发生时，要沉着冷静、临危不乱，迅速采取以下措施：

① 火情：发生火灾（或事件）后第一时间报告值班室值班人员，值班人员立即报告公司领导，同时应立即切断电源，打开电子门和安全通道。

② 自救：当火情较小时，值班领导应迅速组织指挥员工使用灭火器扑救。

③ 报警：当火情有蔓延趋势，第一发现者除报告值班人员外应立即拨打消防电话119和公司领导电话，消防应急领导工作组成员应立即赶到现场，组织协调灭火工作。

④ 撤离：当火情快速蔓延，要组织指挥员工，从各安全通道迅速撤离火场。

⑤ 疏散：危急时刻，不要顾及财物，逃生第一；在深夜时要相互叫醒，相互帮助；当楼道烟雾过多时，要用湿毛巾搭口鼻处匍匐前行；不盲目跳楼，可用备用绳索，固定在物体上滑向楼下；当楼道门被大火封堵时应退守房间，用电话等通信工具报警求救；万一火已及身切勿惊跑，要就地滚动压灭身上之火。

8. 警钟长鸣

（1）消防安全管理工作要做到常抓不懈，特别要注重唤起员工警醒，强化安全忧患意识。

① 安全消防、人人有责，从我做起。

② 遵纪守法，互相监督，发现问题，及时报告。

③ 珍爱生命，关爱他人及国家财产安全。

（2）遇突发不可抗拒的事件，要沉着冷静、临危不乱、听从指挥，有组织地撤离、疏散、抢险、救助。

9. 演练

每年一季度，组织全体员工进行一次火灾突发灭火与自救演习，做好记录、进行评审以总结经验，确保应急计划的有效性。防火物资一览表模板见表2-18。

表2-18 防火物资一览

防火物资名称	型号	单位	数量
干粉灭火器		个	
水桶		个	
安全帽		顶	
安全带		条	
急救药箱		个	
应急灯		个	
安全网		张	

注：本表格根据项目实际情况填写。

10. 救援与救助

事故发生时，就近选择医院进行救援救助，路线图依据各项目实际情况由应急部门针对性编制。

（十四）防洪防汛应急预案

为做好项目部施工工程雨季施工防洪防汛抢险救灾应急救援处理工作，最大限度地减少水灾造成的生命财产损失，确保工程的安全度汛，根据《中华人民共和国安全生产法》《中华人民共和国突发事件应对法》《国家突发公共事件总体应急预案》的有关规定，现结合公司项目施工实际情况，特制订本方案。

1. 适应范围

本预案适用于公司全部项目工程施工现场、办公区、生活区发生水灾造成重大险情事故时应急救援处理工作。

2. 实施原则

（1）救人高于一切。

（2）抢险施救与报告同时进行，逐级报告，首先接报，就近施救。

（3）最大限度地减少损失，防止和减轻次生损失。

（4）局部服从全局，下级服从上级。

（5）分级负责，密切配合。

3. 组织机构及其主要职责

公司安全管理部门是本应急预案的应急总指挥部，项目部成立现场应急指挥部，在应急总指挥部的统一指挥下，现场应急指挥部负责完成气象预报、通信联络、物质保障、应急抢险、善后处理、原因调查的全部工作。

公司成立防洪防汛事故应急救援领导小组模板见表 2-19。

表 2-19　防洪防汛事故应急救援领导小组

姓名	部门	职务	电话
×××	公司领导	董事长兼总经理	×××××××××××
×××	总工办	安全总监	×××××××××××
×××	安全部	经理	×××××××××××
×××	质量部	经理	×××××××××××
×××	企管部	经理	×××××××××××
×××	物资设备部	经理	×××××××××××
×××	财务部	经理	×××××××××××

（1）应急指挥部的主要职责：

① 督促各项目部制订应急处理预案和开展检查及演练。

② 检查督促各项目部成立现场指挥部，要求其做好现场抢修施救、通信联络、物质保障、善后处理、原因调查等工作。

③ 险情事故发生接报后，立即向上级政府主管部门、业主、监理处、设计单位汇报，并将上级部门的指示及时传达至各项目部，保持与现场指挥部的紧密联系，随时掌握应急处理进展情况，保障整个应急处理工作有序进行。

④ 组织指挥各项目部进行抢险救灾，统一指挥对险情水毁现场的应急救援，控制险情蔓延和扩大。

⑤ 指导监督应急救援处理工作，协调解决应急救援处理工作中的重大问题。

⑥ 组织召开险情水毁现场会议。

⑦ 研究向上级报告险情事故应急处理的信息，按照事故报告程序上报。

（2）现场应急指挥部主要职责：

① 制订应急处理预案，组织应急演练。

② 成立现场通信联络组、物质保障组、应急抢险组、善后处理组、原因调查组等险情水毁应急处理工作办事机构，明确责任人、联络人。

③ 接报险情迅速启动应急预案，指挥协调水毁现场的抢险救援工作。

④ 险情事故发生后，核实现场人员伤亡和损失情况，及时向当地政府相关部门、向应急反应指挥部汇报抢险救援工作及险情水毁应急处理的进展情况。

⑤ 及时落实应急处理指挥部及上级有关领导的指示精神。

⑥ 对于已经报告的险情水毁抢修进展情况，要随时续报。险情水毁抢修完成 24 小时内，形成完整的书面材料报应急指挥部。

⑦ 水文气象组每天密切关注气象局预报的天气及沿线河流的水文情况，结合本地的实际情况，及时汇报。

⑧ 通信联络组工作人员应当坚持昼夜值班制度，做好值班记录，负责内外的通信联络，要配备通信联络工具，随时保持联系畅通。一旦发生人员伤亡及重大安全隐患，立即联系有关部门实施抢救，同时向上级部门报告。

⑨ 应急抢险组工作人员要配备抢险装备，在汛期要确保保持随时待命状态，各类

抢险车辆保持油料充足、运行良好。一旦汛情到来，确保人员、设备及时到位，本着“救人高于一切”的原则，积极救治受伤人员，解救落水人员。最大限度地减少死伤人数的损失，千方百计地做好防止和减轻次生损失工作。

⑩ 物质保障组工作人员应当根据应急救援处理工作需要，负责抢险防汛物资的保管、发放。配足雨衣、雨鞋、水泵、照明、镐铲、草袋、绳索、沙石等抢险用品及细带、担架等医护用品；预先设置紧急疏散的安全通道和安全场所，一旦发生险情，确保现场人员能得到及时疏散和安置。

⑪ 善后处理组工作人员应当做好思想稳定工作，必要时采取统一管理、分散接待的方法，做好死伤者家属的食宿安排等接待工作，并做好思想工作。

⑫ 原因调查组工作人员应查勘险情水毁现场，收集险情水毁证据，分析险情水毁原因，为险情水毁公正、公平处理提供依据。

4. 应急报警机制

应急报警机制由应急上报机制、内部应急报警机制、外部应急报警机制和汇报 4 部分组成。它的形式为从下而上，由内到外，形成有序的网络应急报警机制。

（1）应急上报机制。通过危险辨识体系获取危险源凸显特征后，第一时间报告现场应急指挥部负责人（公司），现场应急指挥部负责人（项目部）应立即向应急指挥部汇报，并迅速启动应急预案。

（2）内部应急报警机制。应急预案启动后，现场应急指挥部应拉响反应警报，通过电话、手机通知相关人员以及事故现场的全体人员进入应急反应状态，应急反应组织进入应急预案及应急计划实施状态。

（3）外部应急报警机制。内部报警机制启动的同时，按应急指挥部的部署，立即启动外部应急报警机制，向邻近项目部、周边已建立外部应急反应协作体系、社会公共救援机构报警。

5. 险情水毁应急与救援

（1）当得知发生险情水毁或收到水灾险情水毁呼救后，应急处理指挥部按照应急处理险情水毁的基本程序，迅速组织应急抢险救援工作。

（2）险情水毁发生后，现场应急指挥部组长应当亲赴现场；紧急情况下，应急指挥部长或副组长带队亲赴现场。

（3）到达现场后，各险情水毁应急救援处理工作组在现场指挥部的统一领导下，按照各自职能立即开展工作。

6. 险情水毁报告

险情水毁报告应包括以下内容：

（1）发生险情水毁的时间、地点和路段。

（2）发生险情水毁的简要经过、伤亡人数、水毁情况、直接经济损失的初步估计。

（3）险情水毁原因、性质和初步判断。

（4）险情水毁抢修情况和采取的措施。

（5）需要有关部门和单位协助险情水毁抢修和处理的有关事宜。

（6）险情水毁报告单位、签发人和报告时间。

7. 防洪防汛重点检查监控内容

各现场应急指挥部要实行严格的汛前检查、汛期监控、汛后复查的检查监控制度。安排专人分工负责，对现场的临建设施、基坑设施、起重运输机械、脚手架、施工用电等项目进行重点检查和监控。

（1）临建设施。

临建设施：职工驻地、办公用房、加工场地、库房等。

监控人的责任：全面检查临建设施的安全状况，如果有裂缝、倾斜、变形现象，及时采取加固、翻修，达不到要求的必须拆除重建；暴雨天气必须安排专人进行不间断巡查；随时观察风雨对临建设施的影响、损害情况，及其基坑、脚手架、起重设备等可能对临建造成的破坏，如有危险立即将临建内人员转移到安全地方。

（2）基坑设施。

基坑设施：路基边坡防护工程、桩基施工、土石方开挖等。

监控人的责任：随时观察基坑边坡有无出现裂缝、滚石、坍塌等现象，基坑支护有无变形，沿线路基边坡毗邻建筑物、结构物的变化情况；对毗邻街道、建筑物、山体、临建设施的基坑设施要重点检查监护；如若出现重大安全隐患立即对危险区域进行封闭，撤离人员停止施工，设置安全警示标志，派专人值班，严禁无关人员接近危险区域，并立即上报；汛期过后对基坑设施进行全面检查，无安全隐患后，方可施工。

（3）起重运输机械。

起重运输机械：起重吊车、架桥机、物料提升机等。

监控人的责任：6 级以上大风天气应立即停止作业；重点监控起重运输机械基础的稳定情况、排水情况、基坑对起重运输机械的影响情况。

（4）脚手架工程。

脚手架工程主要有：落地脚手架、支模架等。

监控人的责任：6 级以上大风天气，禁止脚手架施工作业；重点监控脚手架基础沉降情况、排水情况，确保基础稳固，架体拉结有效；对临近街道、房屋、高压线处重点监控，危险时应对脚手架危及范围内设置警示隔离带，并设专人监护。汛期过后，对脚手架进行全面检查验收合格后，方可施工。

（5）临时用电。

临时用电：施工用电、生活用电等。

监控人的责任：全面检查施工现场的各类临时用电设施、配电线路，严格实行“三相五线制”，确保做到三级配电、两级保护，各类配电设施的防雨设施防护完好；暴雨天气应立即切断总电源，并准备好应急照明器材。汛情过后，对配电系统进行全面的检查验收，符合安全要求后，方可送电施工。

8. 应急预案实施终止后的恢复工作

应急预案实施终止后，应采取有效措施防止事故扩大，保护事故现场，需要移动现场物品时，应当做出标记和书面记录，妥善保管有关物证，并按照国家有关规定及时向有关部门进行事故报告。

对事故过程中造成的人员伤亡和财产损失做收集统计、归纳，形成文件，为进一步处理事故的工作提供资料。

对应急预案在事故发生实施的全过程，认真科学地做出总结，完善预案中的不足和缺陷，为今后的预案建立、制订提供经验和完善的依据。

依据项目部“安全生产条例”对事故过程中的功过人员进行奖罚，妥善处理好在事故中伤亡人员的善后工作。尽快组织恢复正常的生产和工作。

9. 培训与演练

（1）现场应急指挥部组织进行一次演练培训。

（2）培训的内容：

① 个人的防护措施；

② 对危险源的突显特性辨识；

③ 事故报警；

④ 紧急情况下人员的安全疏散；

⑤ 各种抢救、抢险的基本技能；

⑥ 应急救援的团队协作意识。

（3）培训目的：

使应急救援人员明确“做什么”“怎么做”“谁来做”及相关法规所列出的事故危险和应急责任。提高与现场外的事故应急反应协作部门的协调能力；通过演练来判别和改进应急预案和计划中的缺陷和不足。

10. 救援与救助

事故发生时，就近选择医院进行救援救助，路线图依据各项目实际情况由应急部门针对性编制。

四、现场处置方案

（一）高处坠落事故处置方案

1. 事故特征

（1）危险性分析，可能发生的事故类型：线路工程深基坑开挖、立塔放线、变电土建结构、支构架吊装、设备安装工程等2m及以上高处作业，作业人员不拴安全带或不正确使用安全带；高处作业无平台或临边无安全防护，孔洞无盖板或围栏等因素，极易发生高处坠落事故。

（2）事故发生的地点或设备的名称。高处坠落事故易发生在：①深基础开挖临边及扎筋支模和混凝土浇筑；②线路铁塔组立，导线展放，跨越架搭设和拆除；③变电站工程结构施工，脚手架搭设和拆除，支构架吊装、设备安装等工作。

（3）事故可能发生的季节和造成的危害程度。事件可能发生的季节：①春、秋季节；②上下班前后时间段，极易发生高处坠落事故。其伤害程度一般都是重伤或死亡。

（4）事故前可能出现的征兆：①施工组织不合理，安排未经教育培训人员进入施工现场作业，没有提供或提供不合格安全带；②作业环境不良，高处作业区域无作业平台，或临边无防护栏杆；③安全教育培训不到位，技术措施交底不到位，作业人员安全意识和安全操作技能低下，不服从管理，高处作业不正确使用安全带，或不履行职责，完善作业环境安全设施，违章作业，冒险蛮干等。

2. 应急组织与职责

（1）成立应急处置救援队。

① 应急组织：各项目部成立现场应急处置救援队，由项目经理担任应急处置救援队队长，专（兼）职安全员任副队长，技术员、班组长、班组骨干为成员，组成现场应急处置救援队。

② 主要职责：应急处置救援队队长、副队长等，接到事故报告后，立即组织救援队成员，急救担架、药箱等应急器材赶赴事故现场施救，同时报告施工项目部应急工作处置小组（指挥小组）。在施救过程中，加强对环境的检查评估，防止事故的扩大。结合伤员的受伤情况搬动伤员，避免施救不当造成二次伤害。

（2）成立应急处置工作小组。

① 施工项目部成立现场应急处置工作小组，由项目部经理任应急处置工作小组组长，副经理（技术负责人）任副组长、技术员、安全员、劳管员、班组长等为成员，组成现场应急处置工作小组。

② 主要职责：

a. 组长：负责现场急救指挥，全面了解和掌握事故情况，保持与应急办公室的联系，必要时直接向地方政府、安全生产监督管理局汇报，并保持联系。

b. 副组长：负责及时组织现场抢救，保护事故现场，落实防范措施，防止事态扩大，并及时通知当事人的亲属。

c. 成员：在组长的指挥下，负责维护现场秩序、保护事故现场、做好现场查勘记录、对当事人及周围人员的询问记录等，负责引导援救人员和救护人员到达指定地点。

3. 应急处置

（1）应急处置程序：

① 在场人员应立即施救，保护事故现场，报告事故情况。

② 应急处置救援队应立即组织车辆、担架、急救药品、器材等赶到事故现场，在应急救援队长的指挥下，组织应急救援队成员进行施救。

③ 施工项目部应急处置工作组赶赴事故现场，结合“人身伤害事故应急预案”指挥现场急救处置工作，并报告应急响应领导小组；必要时直接与地方政府或其他应急单位取得联系，请求现场应急处置支援。指派专人在相关道路引导应急处置支援和急救人员到达指定地点。

（2）现场应急处置措施：

① 应急救援人员在展开救援工作前，应查清坠落受伤人员所处位置、环境及其安全状况。如立即停止救援区域其他施工作业，对有可能坠落的物品、材料应采取固定、隔离措施，确保救援人员的安全。确认救援通道（路线）是否畅通，有无扩大伤害的危害等。

② 遇受伤人员坠落悬挂在高处时，应急救援人员必须穿戴好安全带，通过安全通道方可进入施救，严禁随意攀爬脚手架及其他建构筑屋；遇特殊情况时，必须采取相应防坠落措施后方可施救。

③ 救援人员应及时将伤员搬移到安全区域，遇有外伤的，应立即采取包扎、止血措施，防止伤员失血过多，对肢体有骨折的，应就近取适当木板条对骨折部位进行固定。

④ 待急救车辆赶到现场后，立即协助救护人员将伤员搬移到急救车辆上，并指派专人护送。

（3）事件报告流程：

① 应急救援单位联络方式和联系人员。

② 事件报告的基本要求和内容：事故发生后，事故现场有关人员应当立即向现场应急救援队负责人报告。负责人接到报告后，应当立即向施工项目部应急处置工作组报告，项目应急处置工作组接到报告后，应立即向应急救援领导小组报告。遇情况紧急时，施工项目部应急处置工作组可以直接向事故发生地县级以上人民政府安全生产监督管理部门和负有安全生产监督管理职责的有关部门报告。

③ 事故报告的主要内容：事故发生的时间、地点以及事故现场情况，事故的简要

经过，事故已经造成或者可能造成的伤亡人数和初步估计的直接经济损失，已经采取的措施，其他应当报告的情况。

4. 注意事项

（1）佩戴个人防护器具方面的注意事项：救援人员必须戴好安全帽，必要时配戴好安全带、防滑鞋，以便进行高处救援。

（2）使用抢险救援器材方面的注意事项：外伤处理时，保持个人整洁，必要时对手部进行消毒处理；为伤员包扎伤口时，必须进行消毒，防止伤口感染；担架充分展开、放置平稳、牢靠，必要时有专人把持。急救车辆停放位置应尽量靠近伤员，无法靠近时，必须处于安全区域。

（3）采取救援对策或措施方面的注意事项：应急处置救援人员，在事前必须接受本处置方案的培训和演练；所有人员必须了解应急器材的存放位置，熟悉掌握操作使用规程和方法，防止操作不当，造成事态扩大。

（4）现场自救和互救的注意事项：①令行禁止，统一指挥，服从命令，服从管理；②在自救和互救时，加强协作配合，现场应急指挥小组组长必须互救负责人保持良好的沟通，有效制订救援计划，并组织实施。

（5）现场应急处置能力确认和人员安全防护等事项：应急处置工作小组根据现场人员伤亡情况，在第一时间内确认人、财、物、机等多方面的应急处置能力，需要外援处置的，立即报应急领导小组确认，情况紧急时可以直接与地方应急处置机构取得联系，请求应急处置援助。

在应急处置中，应急处置人员必须正确佩戴安全帽、安全带、手套等个人安全防护用品和用具，确保应急处置工作的顺利进行。

（6）应急救援结束后的注意事项：必须保持现场原始状态，等待地方政府及安全生产监督管理部门、上级主管部门进行现场勘查，得到拆除现场、恢复工作的指令，方可恢复工作。

（7）其他需要特别警示的事项：在应急处置施救过程中，必须保持原始状态，被移动或拆除的物品、材料，必须做好状态标识。

（二）物体打击伤亡事故处置方案

1. 事故特征

（1）危险性分析，可能发生的事故类型：线路工程深基坑开挖、立塔放线，跨越架搭设和拆除，变电土建结构工程、支构架吊装工程、设备安装工程等立体交叉作业等，施工人员进入现场不戴安全帽，交叉作业无安全隔离防护、危险施工区域无安全警戒、围栏、无安全监护人，高处作业施工材料、工器具存放不固定、不牢固，随意堆放等违章（规）作业，极有可能发生高处掉物，造成物体打击伤亡事故。

（2）事故发生的地点或设备的名称。物体打击伤亡事故易发生在：①深基础开挖作业；②线路铁塔组立，导线展放，跨越架搭设和拆除；③变电站工程结构施工，脚手架搭设和拆除，高处扎筋支模和混凝土浇筑，支构架吊装、设备安装等工作中。

（3）事件可能发生的季节（时间）和可能造成的危害程度：统计分析过去物体打击事故，一是春、秋季节；二是作业过程中极易发生物体打击事故，一般都是重伤或死亡。

（4）事前可能出现的征兆：①教育培训不够，作业人员安全意识淡薄，技术水平低，自我保护能力不强；②不参加安全学习，行为安全意识不强；③不习惯戴安全帽，总认为戴帽作业不方便、麻烦；④戴安全帽作业，因低头、弯腰作业多，易掉落，不便使用；⑤不服从管理，自由散漫，我行我素；⑥进入危险区域作业不办理安全施工作业票，无组织、技术措施或未按照要求进行交底等；⑦隐患排查治理不及时。

2. 应急组织与职责

（1）成立应急处置救援队。

① 应急组织：项目部成立现场应急处置救援队，由项目经理担任应急处置救援队队长，专（兼）职安全员任副队长，技术员、班组长、班组骨干为成员，组成现场应急处置救援队。

② 主要职责：应急处置救援队队长、副队长等，接到事故报告后，立即组织救援组成员携带急救担架、药箱等应急器材赶赴事故现场施救，同时报告施工项目部应急工作组（指挥小组）。在施救过程中，加强对环境的检查评估，防止事故的扩大。结合伤员的受伤情况搬动伤员，避免施救不当造成二次伤害。

（2）成立应急处置工作组。

① 施工项目部成立现场应急处置工作组，由项目部经理任应急处置工作组组长，副经理（技术负责人）任副组长，技术员、安全员、劳管员、班组长等为成员，组成现场应急处置工作组。

② 主要职责：

a. 组长：负责现场急救指挥，全面了解和掌握事故情况，保持与应急办公室的联系，必要时直接向地方政府、安全生产监督管理局汇报，并保持联系。

b. 副组长：负责及时布置现场抢救，保护事故现场，落实防范措施，防止事态扩大，并及时通知当事人的亲人。

c. 成员：在组长的指挥下，负责维护现场秩序、保护事故现场、做好现场查勘记录、对当事人及周围人员的询问记录等，负责引导援救人员和救护人员到达指定地点。

3. 应急处置

（1）应急处置程序。

① 在场人员应立即施救，保护事故现场，报告事故情况。

② 应急处置救援队应立即组织车辆、担架、急救药品、器材等赶到事故现场，在应急救援队长的指挥下，组织应急救援队成员进行施救。

③ 施工项目部应急处置工作组赶赴事故现场，结合“人身伤害事故应急预案”指挥现场急救处置工作，并报告应急响应领导小组；必要时直接与地方政府或其他应急单位取得联系，请求现场应急处置支援。指派专人在相关道路引导应急处置支援和急救人员到达指定地点。

（2）现场应急处置措施。

① 应急救援人员在展开救援工作前，应查清物体打击受伤人员所处位置、环境及其安全状况。如立即停止救援区域其他施工作业，对有可能坠落的物品、材料应采取固定、隔离措施，确保救援人员的安全。确认救援通道（路线）是否畅通，有无扩大伤害的危害等。

② 遇受伤人员在高处时，应急救援人员必须穿戴好安全带，通过安全通道方可进入施救，严禁随意攀爬脚手架及其他建（构）筑屋；遇特殊情况时，必须采取相应防坠落措施后方可施救。

③ 救援人员应及时将伤员搬移到安全区域，遇有外伤的，应立即采取包扎、止血措施，防止伤员失血过多，对肢体有骨折的，应就近取适当木板条对骨折部位进行固定。

④ 待急救车辆赶到现场后，立即协助救护人员将伤员搬移到急救车辆上，并指派专人护送。

（3）事件报告流程。

① 应急救援单位联络方式和联系人员。

② 事件报告的基本要求和内容：事故发生后，事故现场有关人员应当立即向现场应急救援队负责人报告；负责人接到报告后，应当立即向施工项目部应急处置工作组报告，项目应急处置工作组接到报告后，应立即向应急救援领导小组报告。遇情况紧急时，施工项目部应急处置工作组可以直接向事故发生地县级以上人民政府安全生产监督管理部门和负有安全生产监督管理职责的有关部门报告。

③ 事故报告的主要内容：事故发生的时间、地点以及事故现场情况；事故的简要经过；事故已经造成或者可能造成的伤亡人数和初步估计的直接经济损失；已经采取的措施；其他应当报告的情况。

4. 注意事项

（1）佩戴个人防护器具方面的注意事项：救援人员必须戴好安全帽，必要时佩带好安全带、防滑鞋，以便进行高处救援。

（2）使用抢险救援器材方面的注意事项：外伤处理时，保持个人整洁，必要时对手部进行消毒处理；为伤员包扎伤口时，必须进行消毒，防止伤口感染；担架充分展开、放置平稳、牢靠，必要时有专人把持。急救车辆停放位置应尽量靠近伤员，无法靠近时，必须处于安全区域。

（3）采取救援对策或措施方面的注意事项：应急处置救援人员，在事前必须接受应急预案和处置预案培训和演练；所有应急处置救援人员必须了解应急器材的存放位置，熟悉掌握操作使用规程和方法，防止操作不当，造成事态扩大。

（4）现场自救和互救的注意事项：①令行禁止、统一指挥、服从命令、服从管理；②在自救和互救时，加强协作配合，现场应急指挥小组组长必须互救负责人保持良好的沟通，有效制订救援计划，并组织实施。

（5）现场应急处置能力，由现场应急处置小组，根据现场人员伤亡情况，在第一时间内确认应急处置队处置能力，需要外援处置的，立即报应急领导小组确认，也可以直接与地方应急处置机构取得联系，请求应急处置援助，在应急处置过程中，应急处置人员必须正确佩戴安全防护用品和用具，确保应急处置工作的顺利进行。

（6）应急救援结束后，必须保持现场原始状态，等待地方政府及安全生产监督管理部门、上级主管部门，现场勘查，得到拆除现场、恢复工作的指令，方可恢复工作。

（7）在应急处置施救过程中，必须保持原始状态，被移动或拆除的物品、材料，必须做好状态标识。

（三）机械伤害伤亡事故处置方案

1. 事故特征

（1）危险性分析，可能发生的事故类型：由于输变电工程施工机械作业多，机械安全防护装置（罩、帽、壳、盖、压力表、减压阀等附件不齐或损坏），作业人员违章操作等，极有可能发生机械伤害事故。

（2）事故发生的地点或设备的名称：极有可能发生在弯钢机、砂轮机、切割机、圆盘锯、搅拌机、空压机、发电机等加工机械作业中。

（3）事故可能发生的季节和造成的危害程度：机械伤害事故主要发生在施工过程中机械操作，一般都是轻伤或重伤，甚至死亡事故。

（4）事前可能出现的征兆：①教育培训不够，作业人员安全意识淡薄，技术水平低，自我保护能力不强；②不参加安全学习，安全行为意识不强；③机械安全防护装置不齐全；④安装位置不当；⑤隐患排查处理不力；⑥不熟悉机械操作规程或使用说明书等。

2. 应急组织及职责

（1）成立应急处置救援队。

① 应急组织：项目部成立现场应急处置救援队，由项目经理担任应急处置救援队队长，专（兼）职安全员任副队长，技术员、班组长、班组骨干为成员，组成现场应急处置救援队。

② 主要职责：应急处置救援队队长、副队长等，接到事故报告后，立即组织救援组成员携带急救担架、药箱等应急器材赶赴事故现场施救，同时报告施工项目部应急工作组（指挥小组）。在施救过程中，加强对环境的检查评估，防止事故的扩大。结合伤员的受伤情况搬动伤员，避免施救不当造成二次伤害。

（2）成立应急处置工作组。

① 施工项目部成立现场应急处置工作组，由项目部经理任应急处置工作组组长，副经理（技术负责人）任副组长、技术员，安全员、劳管员、班组长等为成员，组成现场应急处置指挥小组。

② 主要职责：

a. 组长：负责现场急救指挥，全面了解和掌握事故情况，保持与应急办公室的联系，必要时直接向地方政府、安全生产监督管理局汇报，并保持联系。

b. 副组长：负责及时布置现场抢救，保护事故现场，落实防范措施，防止事态扩大，并及时通知当事人的亲人。

c. 成员：在组长的指挥下，负责维护现场秩序，保护事故现场，做好现场查勘记录，对当事人及周围人员的询问记录等，负责引导援救人员和救护人员到达指定地点。

3. 应急处置

（1）应急处置程序。

① 在场人员应立即施救，保护事故现场，报告事故情况。

② 应急处置救援队应立即组织车辆、担架、急救药品、器材等赶到事故现场，在应急救援队长的指挥下，组织应急救援队成员进行施救。

③ 施工项目部应急处置工作组赶赴事故现场，结合“人身伤害事故应急预案”指挥现场急救处置工作，并报告应急响应领导小组；必要时直接与地方政府或其他应急单位取得联系，请求现场应急处置支援。指派专人在相关道路引导应急处置支援和急救人员到达指定地点。

（2）现场应急处置措施。

① 应急救援人员在展开救援工作前，应查清机械和受伤人员的相关位置、环境及其安全状况，如立即停止救援区域其他作业，断开施工机械电源，确认无扩大伤害的危险，救援通道（路线）畅通方可施救，确保救援人员的安全。

② 检查周边区域，有无其他机械运行，是否处于安全状况，如安全装置不齐，应立即整改，消除危害因素。

③ 救援人员应及时将伤员搬移到安全区域，遇有外伤的，应立即采取包扎、止血措施，防止伤员失血过多；对肢体有骨折的，应就近取适当木板条对骨折部位进行固定。

④ 待急救车辆赶到现场后，立即协助救护人员将伤员搬移到急救车辆上，并指派专人护送。

（3）事件报告流程。

① 应急救援单位联络方式和联系人员。

② 事件报告的基本要求和内容：事故发生后，事故现场有关人员应当立即向现场应急救援队负责人报告；负责人接到报告后，应当立即向施工项目部应急处置工作组报告；项目应急处置工作组接到报告后，应立即向应急救援领导小组报告。遇情况紧急时，施工项目部应急处置工作组可以直接向事故发生地以上人民政府安全生产监督管理部门和负有安全生产监督管理职责的有关部门报告。

③ 事故报告的主要内容：事故发生的时间、地点以及事故现场情况；事故的简要经过；事故已经造成或者可能造成的伤亡人数和初步估计的直接经济损失；已经采取的措施；其他应当报告的情况。

（4）现场应急处置措施。

一旦发生机械伤害事故，现场救援人员应立即查清机械和受伤人员的相关位置，环境及其安全状况，有无扩大伤害的危险，机械电源是否断开等，确认安全后方可施救。

同时检查周边区域，有无其他机械运行，是否处于安全状况，如安全装置不齐，应立即整改消除危害因素，确保救援人员的安全，并及时将伤员搬移到安全区域，在搬移伤员之前，条件允许的情况下，应立即采取包扎、止血措施，防止伤员失血过多，对肢体有骨折的，应就近取其适当木模板条对骨折部位进行固定。待急救车辆赶到现场后，立即协助救护人员，将伤员搬移到急救车辆上。

4. 注意事项

（1）佩戴个人防护器具方面的注意事项：救援人员必须戴好安全帽，在旋转机械处救援时，不得戴手套。

（2）使用抢险救援器材方面的注意事项：外伤处理时，保持个人整洁，必要时对手部进行消毒处理；为伤员包扎伤口时，必须进行伤口消毒，防止感染；担架充分展开，放置平稳、牢靠，必要时有专人把持。急救车辆停放位置应尽量靠近伤员，无法靠近时，必须处于安全区域。

（3）采取救援对策或措施方面的注意事项：应急处置救援人员，在事前必须接受应急预案和处置预案培训和演练；所有人员必须了解应急器材的存放位置，熟悉掌握操作使用规程和方法，防止操作不当，造成事态扩大。

（4）现场自救和互救的注意事项：①令行禁止、统一指挥、服从命令、服从管理；②在自救和互救时，加强协作配合，现场应急指挥小组组长必须和互救负责人保持良好的沟通，有效制订救援计划，并组织实施。

（5）现场应急处置能力确认和人员安全防护等事项：现场应急处置工作组根据现场人员伤亡情况，在第一时间内确认人、财、物、机等多方面的应急处置能力，需要外援处置的，立即报应急领导小组确认，也可以直接与地方应急处置机构取得联系，请求应急处置援助。在应急处置过程中，应急处置人员必须正确佩戴安全帽等个人安全防护用品和用具，确保应急处置工作的顺利进行。

（6）应急救援结束后，必须保持现场原始状态，等待地方政府及安全生产监督管理部门、上级主管部门现场勘查，得到拆除现场、恢复工作的指令，方可恢复工作。

（7）在应急处置施救过程中，必须保持原始状态，被移动或拆除的物品、材料，必须做好状态标识。

（四）触电事故处置方案

1. 事故特征

（1）危险性分析，可能发生的事故类型：现场施工用电机械设备多、用电作业点多。非电工作业或电工操作不当，机械设备操作不当，无漏电保护器或漏电动作电流、动作时间过大等，极有可能发生触电事故。

（2）事故发生的地点或设备的名称：主要发生在施工中使用手持电动工器具、施工机械、电焊作业，钢筋、模板制作安装、电缆支架加工、抽排水、混凝土浇筑、施工照明等，施工机械操作、作业地点和区域。

（3）事故可能发生的季节和造成的危害程度：①发生在空气湿度较大的7—9月3

个月，由于空气湿度大，人体出汗导致本身的电阻也在降低，当空气的绝缘强度小于电场强度时，空气击穿，极易发生触电事故；②无漏电保护器或漏电动作电流过大，时间过长，流经人体的电流大于10mA时，人体将会产生危险的病理生理效应，并随着电流的增大、时间的增长会产生心室纤维性颤动，乃至窒息，在瞬间或3min内就夺去人的生命。

（4）事故前可能出现的征兆：①教育培训不够，作业人员安全意识淡薄，技术水平低，自我保护能力不强；②不参加安全学习，自我安全行为意识不强；③非电工作业；④无漏电保护器或漏电保护器使用不当；⑤电源线路架设不合理，使用胶质线；⑥隐患排查处理不力等。

2. 应急组织及职责

（1）成立应急处置救援队。

① 应急组织：项目部成立现场应急处置救援队，由项目经理担任应急处置救援队队长，专（兼）职安全员任副队长，技术员、班组长、班组骨干为成员，组成现场应急处置救援队。

② 主要职责：应急处置救援队队长、副队长等，接到事故报告后，立即组织救援组成员携带急救担架、药箱等应急器材赶赴事故现场施救，同时报告施工项目部应急工作组（指挥小组）。在施救过程中，加强对环境的检查评估，防止事故的扩大。结合伤员的受伤情况搬动伤员，避免施救不当造成二次伤害。

（2）成立应急处置工作组（指挥小组）。

① 施工项目部成立现场应急处置指挥小组，由项目部经理任应急处置指挥小组组长，副经理（技术负责人）任副组长，技术员，安全员、劳管员、班组长等为成员，组成现场应急处置指挥小组。

② 主要职责：

a. 组长：负责现场急救指挥，全面了解和掌握事故情况，保持与应急办公室的联系，必要时直接向地方政府、安全生产监督管理局汇报，并保持联系。

b. 副组长：负责及时布置现场抢救，保护事故现场，落实防范措施，防止事态扩大，并及时通知当事人的亲人。

c. 成员：在组长的指挥下，负责维护现场秩序、保护事故现场、做好现场查勘记录、对当事人及周围人员的询问记录等，负责引导援救人员和救护人员到达指定地点。

3. 应急处置

（1）应急处置程序。

① 在场人员应立即施救，保护事故现场，报告事故情况。

② 应急处置救援队应立即组织车辆、担架、急救药品、器材等赶到事故现场，在应急救援队长的指挥下，组织应急救援队成员进行施救。

③ 施工项目部应急处置工作组赶赴事故现场，结合《人身伤害事故应急预案》指挥现场急救处置工作，并报告应急响应领导小组；必要时直接与地方政府或其他应急单位取得联系，请求现场应急处置支援。指派专人在相关道路引导应急处置支援和急救人

员到达指定地点。

（2）现场应急处置措施。

① 现场救援人员应立即查清触电伤害人员与带电设施的相关位置、环境及其安全状况，有无扩大伤害的危险。

② 断开电源点，确认安全后方可施救。同时检查周边区域，是否处于安全状况。如其他设备、线路等有无漏电，否则应立即整改消除危害因素，确保救援人员的安全。

③ 必要时就地对触电人员进行心脏复苏救护，或将触电人员搬移到安全区域急救。待急救车辆赶到现场后，应立即协办助救护人员，将伤员搬移到急救车辆上，并指派专人护送。

（3）事件报告流程。

① 应急救援单位联络方式和联系人员见表 2-20。

表 2-20 应急救援单位联络方式和联系人员

姓名	部门	职务	电话
×××	公司领导	董事长兼总经理	×××××××××××
×××	总工办	安全总监	×××××××××××
×××	安全部	经理	×××××××××××
×××	质量部	经理	×××××××××××
×××	企管部	经理	×××××××××××
×××	物资设备部	经理	×××××××××××
×××	财务部	经理	×××××××××××

② 事件报告的基本要求和内容：事故发生后，事故现场有关人员应当立即向现场应急救援队负责人报告。负责人接到报告后，应当立即向施工项目部应急处置工作组报告，项目应急处置工作组接到报告后，应立即向应急救援领导小组报告。遇情况紧急时，施工项目部应急处置工作组可以直接向事故发生地县级以上人民政府安全生产监督管理部门和负有安全生产监督管理职责的有关部门报告。

③ 事故报告的主要内容：事故发生的时间、地点以及事故现场情况；事故的简要经过；事故已经造成或者可能造成的伤亡人数和初步估计的直接经济损失；已经采取的措施；其他应当报告的情况。

4. 注意事项

（1）佩戴个人防护器具方面的注意事项：救援人员而必须使用适当个人防护用品，如绝缘手套、绝缘鞋，遇高处救援时，必须拴好安全带。

（2）使用抢险救援器材方面的注意事项：救援人员不可以直接用手或其他金属及潮湿的构件作为救护工具，必须正确使用钳子、螺丝刀等绝缘工器具，保持工器具的完好，不得使用损坏的工器具。严禁双手救护，必须是一只手操作，以防自己触电。

（3）采取救援对策或措施方面的注意事项：防止触电者脱离电源后可能的摔伤，特别是当触电者在高处的情况下，应考虑防摔措施，即使触电者在平地，也要注意触电者倒下的方向，注意防摔。

（4）事故前可能出现的征兆：①教育培训不够，作业人员安全意识淡薄，技术水平低，自我保护能力不强；②不参加安全学习，自我行为意识强；③流动吸烟；④电器元件和线路老化；⑤库内混存混放；⑥隐患排查处理不力等。

（五）灼烫伤亡事故处置方案

1. 事故特征

（1）危险性分析，可能发生的事故类型：现场预埋件、接地扁铁、安装作业等，有较多的电火焊作业；夏季施工防暑降温烧运茶水等，电火焊作业皮管接头处未按要求绑扎或绑扎不牢固，表具损坏自行升压、皮管老化破裂，电火焊作业区下方危险区域无安全警戒或监护人、其他人员逗留或通过；电热水器烧水喷出等极有可能发生灼烫伤亡事故。

（2）事故发生的地点或设备的名称：事故主要发生在埋件加工区；结构施工、地线埋设作业区，现场休息室、办公区及工具室等。

（3）事故可能发生的季节和造成的危害程度：①在施工过程中电火焊作业时；②施工中休息饮水时；③夏季作业。此类事故一般都是人员轻伤事故。

（4）事前可能出现的征兆：①教育培训不够，作业人员安全意识淡薄，技术水平低，自我保护能力不强；②不参加安全学习，自我行为意识强；③饮水操作不当；④电火焊作业人员违章操作；⑤隐患排查处理不力等。

2. 应急组织及职责

（1）成立应急处置救援队。

① 应急组织：项目部成立现场应急处置救援队，由项目经理担任应急处置救援队队长，专（兼）职安全员任副队长，技术员、班组长、班组骨干为成员，组成现场应急处置救援队。

② 主要职责：应急处置救援队队长、副队长等，接到事故报告后，立即组织救援组成员携带急救担架、药箱等应急器材赶赴事故现场施救，同时报告施工项目部应急工作组（指挥小组）。在施救过程中，加强对环境的检查评估，防止事故的扩大。结合伤员的受伤情况搬动伤员，避免施救不当造成二次伤害。

（2）成立应急处置工作组。

① 施工项目部成立现场应急处置工作组，由项目部经理任应急处置工作组组长，副经理（技术负责人）任副组长，技术员、安全员、劳管员、班组长等为成员，组成现场应急处置指挥小组。

② 主要职责：

a. 组长：负责现场急救指挥，全面了解和掌握事故情况，保持与应急办公室的联系，要及时直接向地方政府、安全生产监督管理局汇报，并保持联系。

b. 副组长：负责及时布置现场抢救，保护事故现场，落实防范措施，防止事态扩大，并及时通知当事人的亲人。

c. 成员：在组长的指挥下，负责维护现场秩序、保护事故现场、做好现场查勘记录、对当事人及周围人员的询问记录等，负责引导援救人员和救护人员到达指定地点。

3. 应急处置

（1）应急处置程序。

① 在场人员应立即施救，保护事故现场，报告事故情况。

② 应急处置救援队应立即组织车辆、担架、急救药品、器材等赶到事故现场，在应急救援队长的指挥下，组织应急救援队成员进行施救。

③ 施工项目部应急处置工作组赶赴事故现场，结合“人身伤害事故应急预案”指挥现场急救处置工作，并报告应急响应领导小组；必要时直接与地方政府或其他应急单位取得联系，请求现场应急处置支援；指派专人在相关道路引导应急处置支援和急救人员到达指定地点。

（2）现场应急处置措施。

① 现场救援人员应立即查清人员受伤情况，与灼烫源的相关位置，环境及其安全状况，有无扩大伤害的危险。

② 遇氧乙炔皮管破裂或脱落燃烧，必须立即切断气源。遇高处人员灼伤，救援人员必须确认救援通道畅通，确保救援人员的安全。

③ 救援人员应及时将伤员转移到安全区域进行急救工作。

④ 待急救车辆赶到现场后，立即协助救护人员将伤员搬移到急救车辆上，并指派专人护送。

（3）事件报告流程。

① 应急救援单位联络方式和联系人员。

② 事件报告的基本要求和内容：事故发生后，事故现场有关人员应当立即向现场应急救援队负责人报告；负责人接到报告后，应当立即向施工项目部应急处置工作组报告，项目应急处置工作组接到报告后，应立即向应急救援领导小组报告。遇情况紧急时，施工项目部应急处置工作组可以直接向事故发生地以上人民政府安全生产监督管理部门和负有安全生产监督管理职责的有关部门报告。

③ 事故报告的主要内容：事故发生的时间、地点以及事故现场情况；事故的简要经过；事故已经造成或者可能造成的伤亡人数和初步估计的直接经济损失；已经采取的措施；其他应当报告的情况。

4. 注意事项

（1）佩戴个人防护器具方面的注意事项：救援人员必须戴好安全帽、手套等。

（2）使用抢险救援器材方面的注意事项：钳子、螺丝刀等用具必须绝缘良好；使用消防器材时，拔掉销子、对准火焰根部喷射；不得采取包裹方式保护受伤人员的灼伤部位。担架应放置平稳、牢靠，必要时有专人把持。急救车辆停放位置应尽量靠近伤员，无法靠近时，必须处于安全区域。

（3）采取救援对策或措施方面的注意事项：应急处置救援人员，在事前必须接受应急预案和处置预案培训和演练；所有人员必须了解应急器材的存放位置，熟悉掌握操作使用规程和方法，防止操作不当，造成事态扩大。

（4）现场自救和互救的注意事项：在自救时必须高度重视应急处置人员的安全状况，有外部应急处置援助时，应急指挥小组组长必须与外援负责人保持良好的沟通，积极配合，避免配合不当，造成意外。

（5）现场应急处置能力，现场应急处置能力确认和人员安全防护等事项：现场应急处置工作组根据现场人员伤亡情况，在第一时间内确认人、财、物、机等多方面的应急处置能力，需要外援处置的，立即报应急领导小组确认，也可以直接与地方应急处置机构取得联系，请求应急处置援助。在应急处置过程中，应急处置人员必须正确佩戴安全帽、安全带、手套等个人安全防护用品和用具，确保应急处置工作的顺利进行。

（6）应急救援结束后，必须保持现场原始状态，等待地方政府及安全生产监督管理部门、上级主管部门等，现场勘查后，得到拆除现场、恢复工作的指令时，方可恢复工作。

（7）在应急处置过程中，必须保持原始状态，被移动或拆除的物品、材料，必须做好状态标识。

（六）化学危险品中毒伤亡事故处置方案

1. 事故特征

（1）危险性分析，可能发生的事故类型：施工过程中大量使用乙炔、油漆、电焊、六氟化硫充装等，电缆夹层、预埋件加工区，主控楼室内电火焊作业、油漆作业、防火涂料作业，六氟化硫充装等通风不良极有可能发生化学危险品中毒伤亡事故。

（2）事故发生的地点或设备的名称：事故主要发生在主控楼室内及电缆夹层、预埋件加工区，库房、工具室等。

（3）事故可能发生的季节和造成的危害程度：主要是发生在安装阶段室内作业，一般都是人员中毒窒息。

（4）事前可能出现的征兆：①教育培训不够，作业人员安全意识淡薄，技术水平低，自我保护能力不强；②不参加安全学习，自我安全行为意识不强；③室内作业未设通风装置；④六氟化硫气体充装；⑤设施设备封闭不严泄漏；⑥作业人员违章操作；⑦是隐患排查处理不力等。

2. 应急组织及职责

（1）成立应急处置救援队。

① 应急组织：项目部成立现场应急处置救援队，由项目经理担任应急处置救援队队长，专（兼）职安全员任副队长，技术员、班组长、班组骨干为成员，组成现场应急处置救援队。

② 主要职责：应急处置救援队队长、副队长等，接到事故报告后，立即组织救援组成员携带急救担架、药箱等应急器材赶赴事故现场施救，同时报告施工项目部应急工作组（指挥小组）。在施救过程中，加强对环境的检查评估，防止事故的扩大。结合伤员的受伤情况搬动伤员，避免施救不当造成二次伤害。

（2）成立应急处置工作组。

① 施工项目部成立现场应急处置工作组，由项目部经理任应急处置工作组组长，副经理（技术负责人）任副组长，技术员、安全员、劳管员、班组长等为成员，组成现场应急处置指挥小组。

② 主要职责：

a. 组长：负责现场急救指挥，全面了解和掌握事故情况，保持与应急办公室的联系，必要时直接向地方政府、安全生产监督管理局汇报，并保持联系。

b. 副组长：负责及时布置现场抢救，保护事故现场，落实防范措施，防止事态扩大，并及时通知当事人的亲人。

c. 成员：在组长的指挥下，负责维护现场秩序、保护事故现场、做好现场查勘记录、对当事人及周围人员的询问记录等，负责引导援救人员和救护人员到达指定地点。

3. 应急处置

（1）应急处置程序。

在场人员应立即施救，保护事故现场，报告事故情况。

应急处置救援队应立即组织车辆、担架、急救药品、器材等赶到事故现场，在应急救援队长的指挥下，组织应急救援队成员进行施救。

施工项目部应急处置工作组赶赴事故现场，结合“人身伤害事故应急预案”指挥现场急救处置工作，并报告应急响应领导小组；必要时直接与地方政府或其他应急单位取得联系，请求现场应急处置支援。指派专人在相关道路引导应急处置支援和急救人员到达指定地点。

（2）现场应急处置措施。

① 现场救援人员应立即查清人员中毒情况，所处的相关位置、环境，有无扩大中毒的危险，确保救援人员的安全。

② 急救人员必须正确使用防毒口罩，进入中毒区域时，首先打开门窗通风，开启通风设施，防止再次中毒。

③ 救援人员应及时将伤员转移到安全区域进行急救工作。

④ 待急救车辆赶到现场后，立即协助救护人员将伤员搬移到急救车辆上，并指派专人护送。

（3）事件报告流程。

① 应急救援单位联络方式和联系人员。

② 事件报告的基本要求和内容：事故发生后，事故现场有关人员应当立即向现场应急救援队负责人报告；负责人接到报告后，应当立即向施工项目部应急指挥小组报告，项目应急指挥小组接到报告后，应立即向应急救援领导小组报告。遇情况紧急时，施工项目部应急指挥小组可以直接向事故发生地县级以上人民政府安全生产监督管理部门和负有安全生产监督管理职责的有关部门报告。

事故报告的内容主要包括：事故发生的时间、地点以及事故现场情况；事故的简要经过；事故已经造成或者可能造成的伤亡人数和初步估计的直接经济损失；已经采取的措施；其他应当报告的情况。

4. 注意事项

（1）佩戴个人防护器具方面的注意事项：救援人员必须戴好安全帽、手套、防尘毒口罩等。

（2）使用抢险救援器材方面的注意事项：担架应放置平稳、牢靠，必要时有专人把持。急救车辆停放位置应尽量靠近伤员，无法靠近时，必须处于安全区域。

（3）采取救援对策或措施方面的注意事项：应急处置救援人员，在事前必须接受应急预案和处置预案培训和演练；所有人员必须了解应急器材的存放位置，熟悉掌握操作使用规程和方法，防止操作不当，造成事态扩大。

（4）现场自救和互救的注意事项：在自救时必须高度重视应急处置人员的安全状况，有外部应急处置援助时，应急指挥小组组长，必须与外援负责人保持良好的沟通，积极配合，避免配合不当，造成意外。

（5）现场应急处置能力，由现场应急处置小组，根据现场人员伤亡情况，在第一时间内确认应急处置队处置能力，需要外援处置的，立即报应急领导小组确认，也可以直接与地方应急处置机构取得联系，请求应急处置援助；在应急处置过程中，应急处置人员必须正确佩戴安全防护用品和用具，确保应急处置工作的顺利进行。

（6）应急救援结束后，必须保持现场原始状态，等待地方政府及安全生产监督管理部门、上级主管部门等，现场勘查后，得到拆除现场、恢复工作的指令时，方可恢复工作。

（7）在应急处置过程中，必须保持原始状态，被移动或拆除的物品、材料，必须做好状态标识。

（七）变压器火灾事故处置方案

1. 事故特征

（1）危险性分析，可能发生的事故类型：变压器油为可燃液体，其蒸气与空气混合形成爆炸性气体，遇高温可以发生爆炸。施工过程中变压器注油、滤油，管道接口不严密、破损等易造成环境污染，带来火灾隐患；滤油机高温滤油、接地不良、电器元件过负荷等产生静电或电气火灾，极易导致变压器火灾事故。

（2）事故发生的地点或设备的名称：事故主要发生在变压器区域、滤油机及泄漏于该区域的废油等。

（3）事故可能发生的季节和造成的危害程度：主要发生在变压器注油、滤油过程中。

（4）事前可能出现的征兆：①滤油机缺乏维护保养，引起电器元件、导线等绝缘老化发热；②高温滤油作业，温控不当，超温运行；③滤注油管路泄漏。

2. 应急组织及职责

（1）成立应急处置救援队。

① 应急组织：项目部成立现场应急处置救援队，由项目经理担任应急处置救援队队长，专（兼）职安全员任副队长，技术员、班组长、班组骨干为成员，组成现场应急处置救援队。

② 主要职责：应急处置救援队队长、副队长等，接到事故报告后，立即组织救援组成员携带急救担架、药箱等应急器材赶赴事故现场施救，同时报告施工项目部应急工作组（指挥小组）。在施救过程中，加强对环境的检查评估，防止事故的扩大。结合伤员的受伤情况搬动伤员，避免施救不当造成二次伤害。

（2）成立应急处置工作组。

① 施工项目部成立现场应急处置工作组，由项目部经理任应急处置工作组组长，副经理（技术负责人）任副组长、技术员，安全员、劳管员、班组长等为成员，组成现场应急处置指挥小组。

② 主要职责：

a. 组长：负责现场急救指挥，全面了解和掌握事故情况，保持与应急办公室的联系，必要时直接向地方政府、安全生产监督管理局汇报，并保持联系。

b. 副组长：负责及时布置现场抢救，保护事故现场，落实防范措施，防止事态扩大，并及时通知当事人的亲人。

c. 成员：在组长的指挥下，负责维护现场秩序、保护事故现场、做好现场查勘记录、对当事人及周围人员的询问记录等，负责引导援救人员和救护人员到达指定地点。

3. 应急处置

（1）应急处置程序。

在场人员应立即施救，保护事故现场，报告事故情况。

应急处置救援队应立即组织车辆、担架、急救药品、器材等赶到事故现场，在应急救援队长的指挥下，组织应急救援队成员进行施救。

施工项目部应急处置工作组赶赴事故现场，遇人员伤亡，必须结合“人身伤害事故应急预案”指挥现场急救处置工作，并报告应急响应领导小组；必要时直接与地方政府或其他应急单位取得联系，请求现场应急处置支援。指派专人在相关道路引导应急处置支援和急救人员到达指定地点。

（2）现场应急处置措施。

① 现场救援人员应立即查清有无人员被困或伤亡，人员与火灾部位的相关位置，环境及其安全状况，有无扩大伤害的危险。如遇人员困于火灾部位，坚持“人员优先”的原则，立即施救。

② 救援人员应立即用断开滤油机、真空泵等电源，查看周边状况，有其他易燃物质时，采取拆除、隔离等有效措施消除危害因素，减少易燃物质。

③ 在灭火作业中，救援人员应在上风方向，采用灭火器、沙土等灭火，防止烟熏、吸入二氧化碳中毒，确保救援人员的安全。

④ 伤员救出后，应及时将受伤人员搬移到安全区域，采取急救措施，待急救车辆赶到现场，应立即协助救护人员，将伤员搬移到急救车辆上，并指派专人护送。

（3）事件报告流程。

① 应急救援单位联络方式和联系人员。

② 事件报告的基本要求和内容：事故发生后，事故现场有关人员应当立即向现场应

急救援队负责人报告；负责人接到报告后，应当立即向施工项目部应急指挥小组报告，项目应急指挥小组接到报告后，应立即向应急救援领导小组报告。遇情况紧急时，施工项目部应急指挥小组可以直接向事故发生地以上人民政府安全生产监督管理部门和负有安全生产监督管理职责的有关部门报告。

③ 事故报告的主要内容：事故发生的时间、地点以及事故现场情况；事故的简要经过；事故已经造成或者可能造成的伤亡人数和初步估计的直接经济损失；已经采取的措施；其他应当报告的情况。

4. 注意事项

（1）佩戴个人防护器具方面的注意事项：施救人员必须正确使用安全帽，手套、防毒面具等，严禁穿化纤服装。

（2）使用抢险救援器材方面的注意事项：必须掌握灭火器的使用方法，拔掉销子，抓住喷管，对准火根喷射，严禁采用清水直接灭火，必须使用干粉、二氧化碳、泡沫等灭火器材。为伤员包扎伤口时，必须进行消毒，防止伤口感染；担架充分展开、放置平稳、牢靠，必要时有专人把持。急救车辆停放位置应尽量靠近伤员，无法靠近时，必须处于安全区域。

（3）采取救援对策或措施方面的注意事项：应急处置救援人员，在事前必须接受本处置方案的培训和演练；所有人员必须了解应急器材的存放位置，熟悉掌握操作使用规程和方法，防止操作不当，造成事态扩大。

（4）现场自救和互救的注意事项：①令行禁止，统一指挥、服从命令，服从管理；②在自救和互救时，加强协作配合，现场应急指挥小组组长，必须互救负责人保持良好的沟通，有效制订救援计划，并组织实施。

（5）现场应急处置能力确认和人员安全防护等事项：现场应急处置工作组根据现场人员伤亡情况，在第一时间内确认人、财、物、机等多方面的应急处置能力，需要外援处置的，立即报应急领导小组确认，也可以直接与地方应急处置机构取得联系，请求应急处置援助。在应急处置过程中，应急处置人员必须正确佩戴安全帽、安全带、手套等个人安全防护用品和用具，确保应急处置工作的顺利进行。

（6）应急救援结束后的注意事项：必须保持现场原始状态，等待地方政府及安全生产监督管理部门、上级主管部门进行现场勘查，得到拆除现场、恢复工作的指令，方可恢复工作。

（7）其他需要特别警示的事项：在应急处置施救过程中，必须保持原始状态，被移动或拆除的物品、材料，必须做好状态标识。

（八）电缆火灾事故处置方案

1. 事故特征

（1）危险性分析，可能发生的事故类型：安装施工阶段，大量敷设设备电缆，主要集中在电缆沟、夹层、控制室内等，因个别工序未完或消缺，电火焊作业未采取隔离措施，焊花掉落在电缆上着火；室内装饰通风措施不到位，易燃易爆危化品遇火燃烧引起电缆火灾。同时电缆在燃烧时产生大量的二氧化碳、一氧化碳、氯化氢等有害气体，易造成中毒窒息事故。

（2）事故发生的地点或设备的名称：主要发生在室内外电缆沟、电缆夹层等。

（3）事故可能发生的季节和造成的危害程度：可能发生在夏季施工期间，室内外电缆支架焊接或其他消缺焊接作业，以及室内装饰期间，极有可能引发人员中毒窒息及财产损失。

（4）事前可能出现的征兆：①电缆隧道、夹层内堆放的易燃杂物未做清理；②电火焊作业未办理动火工作票，或动火措施不落实；③室内装饰作业通风措施不完善，作业人员吸烟等。

2. 应急组织及职责

（1）成立应急处置救援队。

① 应急组织：项目部成立现场应急处置救援队，由项目经理担任应急处置救援队队长，专（兼）职安全员任副队长，技术员、班组长、班组骨干为成员，组成现场应急处置救援队。

② 主要职责：应急处置救援队队长、副队长等，接到事故报告后，立即组织救援组成员携带急救担架、药箱等应急器材赶赴事故现场施救，同时报告施工项目部应急工作组（指挥小组）。在施救过程中，加强对环境的检查评估，防止事故的扩大。结合伤员的受伤情况搬动伤员，避免施救不当造成二次伤害。

（2）成立应急处置工作组（指挥小组）。

① 施工项目部成立现场应急处置指挥小组，由项目部经理任应急处置指挥小组组长，副经理（技术负责人）：任副组长、技术员，安全员、劳管员、班组长等为成员，组成现场应急处置指挥小组。

② 主要职责：

a. 组长：负责现场急救指挥，全面了解和掌握事故情况，保持与应急办公室的联系，必要时直接向地方政府、安全生产监督管理局汇报，并保持联系。

b. 副组长：负责及时布置现场抢救，保护事故现场，落实防范措施，防止事态扩大，并及时通知当事人的亲人。

c. 成员：在组长的指挥下，负责维护现场秩序、保护事故现场、做好现场查勘记录、对当事人及周围人员的询问记录等，负责引导援救人员和救护人员到达指定地点。

3. 应急处置

（1）应急处置程序。

① 在场人员应立即施救，报告事故情况。

② 应急处置救援队应立即组织车辆、担架、急救药品、器材等赶到事故现场，在应急救援队长的指挥下，组织应急救援队成员进行施救。

③ 施工项目部应急处置工作组赶赴事故现场，遇人员伤害时，必须结合“人身伤害事故应急预案”指挥现场急救处置工作，并报告应急响应领导小组；遇火势过猛，可以直接与地方政府或消防部取得联系，请求现场应急处置支援，指派专人在相关道路引导应急处置支援和急救人员到指定地点。

（2）现场应急处置措施。

① 现场救援人员应立即查清有无人员被困或伤亡，人员与火灾部位的相关位置、环境及其安全状况，有无扩大伤害的危险。如遇人员困于火灾部位，坚持“人员优先”的原则，立即施救。

② 救援人员施救时穿戴好手套、防护服防毒面具等方可进入施救，确保救援人员的安全。

③ 及时将伤员搬移到安全区域，在搬移伤员之前，对遇有外伤的，应立即采取包扎、止血措施，防止伤员失血过多，对肢体有骨折的，应就近取适当木板条对骨折部位进行固定。

④ 待急救车辆赶到现场后，立即协助救护人员将伤员搬移到急救车辆上，并指派专人护送。

⑤ 施救过程中，施救人员应在上风方向，正确使用灭火器具。

⑥ 为防止蔓延，减小火势，采用沙袋、防火包、隔离堵板、防火门等将电缆沟或孔洞、竖井及失火部位区域两端堵死，以阻止空气流通，采用窒息法进行扑救。

（3）事件报告流程。

① 应急救援单位联络方式和联系人员。

② 事件报告的基本要求和内容：事故发生后，事故现场有关人员应当立即向现场应急救援队负责人报告；负责人接到报告后，应当立即向施工项目部应急指挥小组报告，项目应急指挥小组接到报告后，应立即向应急救援领导小组报告。遇情况紧急时，施工项目部应急指挥小组可以直接向事故发生地县级以上人民政府安全生产监督管理部门和负有安全生产监督管理职责的有关部门报告。

③ 事故报告的主要内容：事故发生的时间、地点以及事故现场情况；事故的简要经过；事故已经造成或者可能造成的伤亡人数和初步估计的直接经济损失；已经采取的措施；其他应当报告的情况。

4. 注意事项

（1）佩戴个人防护器具方面的注意事项：救援人员必须戴好安全帽、手套、防毒面具等，并在使用前检查，确认完好。

（2）使用抢险救援器材方面的注意事项：担架应放置平稳、牢靠，必要时由专人把持。急救车辆停放位置应尽量靠近伤员，无法靠近时，必须处于安全区域。

（3）采取救援对策或措施方面的注意事项：必须掌握灭火器的使用方法，右手提灭火器，左手拔掉销子，抓住喷管，对准火根下压碟阀。若火势较大，采用清水灭火时，应考虑是否有带电电缆，否则应切断电源。应急处置救援人员，在事前必须接受应急预案和处置预案培训和演练；所有人员必须了解应急器材的存放位置，熟悉掌握操作使用规程和方法，防止操作不当，造成事态扩大。

（4）现场自救和互救的注意事项：在自救时必须高度重视应急处置人员的安全状况，有外部应急处置援助时，应急指挥小组组长，必须与外援负责人保持良好的沟通，积极配合，避免配合不当，造成意外。

(5) 现场应急处置能力，由现场应急处置小组，根据现场人员伤亡情况，在第一时间内确认应急处置队处置能力，需要外援处置的，立即报应急领导小组确认，也可以直接与地方应急处置机构取得联系，请求应急处置援助；在应急处置过程中，应急处置人员必须正确佩戴安全防护用品和用具，确保应急处置工作的顺利进行。

(6) 应急救援结束后，必须保持现场原始状态，等待地方政府及安全生产监督管理部门、上级主管部门等，现场勘查后，得到拆除现场、恢复工作的指令时，方可恢复工作。

(7) 在应急处置过程中，必须保持原始状态，被移动或拆除的物品、材料，必须做好状态标识。

(九) 重要生产场所火灾事故处置方案

1. 事故特征

(1) 危险性分析，可能发生的事故类型：输变电工程结构施工过程中模板加工制作量大，存放堆垛大；安装阶段电缆堆放区、设备堆放区及安装作业区包装箱多，变压器安装注油、滤油作业，室内装饰涂料、设备油漆作业；线路林区基础开挖、立塔、放线作业等重要生产场所。因作业人员吸烟、机械电器元件及电源线路老化，灯具布置不当等，都极有可能发生火灾事故。

(2) 事故发生的地点或设备的名称：主要发生在木工房及模板堆放场、设备安装场地及包装箱堆放场，室内装饰、设备油漆，林区及其他有易燃物品的生产场所。

(3) 事故可能发生的季节和造成的危害程度：主要是发生在动火作业或其他可能导致火灾的作业中过程，包括作业人员流动吸烟等，一般都是直接引发火灾事故，甚至导致人员伤亡。

(4) 事前可能出现的征兆：①教育培训不够，作业人员安全意识淡薄，技术水平低，自我保护能力不强；②不参加安全学习，自我安全行为意识不强；③室内作业未设通风装置；④设备堆放位置不当，包装箱未及时回收；⑤作业人员违章操作；⑥隐患排查处理不力等。

2. 应急组织及职责

(1) 成立应急处置救援队。

① 应急组织：项目部成立现场应急处置救援队，由项目经理担任应急处置救援队队长，专（兼）职安全员任副队长，技术员、班组长、班组骨干为成员，组成现场应急处置救援队。

② 主要职责：应急处置救援队队长、副队长等，接到事故报告后，立即组织救援组成员携带担架、药箱等应急器材赶赴事故现场施救，同时报告施工项目部应急工作组（指挥小组）。在施救过程中，加强对环境的检查评估，防止事故的扩大。结合伤员的受伤情况搬动伤员，避免施救不当造成二次伤害。

(2) 成立应急处置工作组。

① 施工项目部成立现场应急处置工作组，由项目部经理任应急处置工作组组长，副经理（技术负责人）任副组长、技术员，安全员、劳管员、班组长等为成员，组成现

场应急处置指挥小组。

② 主要职责：

a. 组长：负责现场急救指挥，全面了解和掌握事故情况，保持与应急办公室的联系，必要时直接向地方政府、安全生产监督管理局汇报，并保持联系。

b. 副组长：负责及时布置现场抢救，保护事故现场，落实防范措施，防止事态扩大，并及时通知当事人的亲人。

c. 成员：在组长的指挥下，负责维护现场秩序、保护事故现场、做好现场查勘记录、对当事人及周围人员的询问记录等，负责引导援救人员和救护人员到达指定地点。

3. 应急处置

（1）应急处置程序。

① 在场人员应立即施救，报告事故情况。

② 应急处置救援队应立即组织车辆、担架、急救药品、器材等赶到事故现场，在应急救援队长的指挥下，组织应急救援队成员进行施救。

③ 施工项目部应急处置工作组赶赴事故现场，遇人员伤害时，必须结合“人身伤害事故应急预案”指挥现场急救处置工作，并报告应急响应领导小组；遇火势过猛，可以直接与地方政府或消防部门取得联系，请求现场应急处置支援，指派专人在相关道路引导应急处置支援和急救人员到指定地点。

（2）现场应急处置措施。

① 现场救援人员应立即查清有无人员被困或伤亡，人员与火灾部位的相关位置，环境及其安全状况，有无扩大伤害的危险。如遇人员困于火灾部位，坚持“人员优先”的原则，立即施救。

② 救援人员施救时穿戴好手套、防护服防毒面具等方可进入施救，确保救援人员的安全。

③ 及时将伤员搬移到安全区域，在搬移伤员之前，对遇有外伤的，应立即采取包扎、止血措施，防止伤员失血过多，对肢体有骨折的，应就近取其适当木板条对骨折部位进行固定。

④ 待急救车辆赶到现场后，立即协助救护人员将伤员搬移到急救车辆上，并指派专人护送。

⑤ 施救过程中，施救人员应在上风方向，正确使用灭火器具。扑救仓库火灾时必须查明储存物资的性质、火源及火势蔓延的途径；为了灭火和疏散的物资是否需要破拆；是否因烟雾弥漫而必须采取排烟措施；临近火源的物资是否已受到火势威胁，是否需要采取紧急疏散措施；库房内有无爆炸、剧毒物品，火势对其威胁程度如何，是否需要采取保护、疏散措施等。当贵重设备受到火势威胁时，应采取重点突破的方法扑救。选择火势较弱或能进能退的有利地形，集中灭火设备打开通路，掩护抢救人员，深入燃烧区将这类物品抢救出来，转移到安全地点。对无法疏散的爆炸物品，应用水枪进行冷却保护。扑救露天堆放物火灾应集中主要力量，采取下风堵截。两侧同时扑救，防止火势向下风方向蔓延。当火势被控制住以后，应组织对燃烧堆放物的燃烧进行分隔扑救，

对于扑救出来的物资，还要拆包检查防止引燃。

（3）事件报告流程。

① 应急救援单位联络方式和联系人员。

② 事件报告的基本要求和内容：事故发生后，事故现场有关人员应当立即向现场应急救援队负责人报告；负责人接到报告后，应当立即向施工项目部应急指挥小组报告；项目应急指挥小组接到报告后，应立即向应急救援领导小组报告。遇情况紧急时，施工项目部应急指挥小组可以直接向事故发生地县级以上人民政府安全生产监督管理部门和负有安全生产监督管理职责的有关部门报告。

③ 事故报告的主要内容：事故发生的时间、地点以及事故现场情况；事故的简要经过；事故已经造成或者可能造成的伤亡人数和初步估计的直接经济损失；已经采取的措施；其他应当报告的情况。

4. 注意事项

（1）佩戴个人防护器具方面的注意事项：救援人员必须戴好安全帽、手套、防毒面具等。

（2）使用抢险救援器材方面的注意事项：使用灭火器材时，必须对准火根；担架应放置平稳、牢靠，必要时有专人把持。急救车辆停放位置应尽量靠近伤员，无法靠近时，必须处于安全区域。

（3）采取救援对策或措施方面的注意事项：应急处置救援人员，在事前必须接受应急预案和处置预案培训和演练；所有人员必须了解应急器材的存放位置，熟悉掌握操作使用规程和方法，防止操作不当，造成事态扩大。

（4）现场自救和互救的注意事项：在自救时必须高度重视应急处置人员的安全状况，有外部应急处置援助时，应急指挥小组组长，必须与外援负责人保持良好的沟通，积极配合，避免配合不当，造成意外。

（5）现场应急处置能力，由现场应急处置小组，根据现场人员伤亡情况，在第一时间内确认应急处置队处置能力，需要外援处置的，立即报应急领导小组确认，也可以直接与地方应急处置机构取得联系，请求应急处置援助；在应急处置过程中，应急处置人员必须正确佩戴安全防护用品和用具，确保应急处置工作的顺利进行。

（6）应急救援结束后，必须保持现场原始状态，等待地方政府及安全生产监督管理部门、上级主管部门等，现场勘查后，得到拆除现场、恢复工作的指令时，方可恢复工作。

（7）在应急处置过程中，必须保持原始状态，被移动或拆除的物品、材料，必须做好状态标识。

（十）职业病危害事故应急处置方案

1. 粉尘职业病危害事故

（1）作业现场呼吸性粉尘浓度超过接触浓度管理限制 10 倍，立即停止作业并向矿调度室汇报，调度室通知有关领导进行分析并处理。

（2）按照职业健康查体周期，组织职工进行职业健康查体，发现疑似尘肺病人，应及时进行复查确诊并调离粉尘岗位。确诊后应及时上报并进行治疗。

2. 有毒有害气体中毒职业病危害事故

（1）采取有效个人防护。

进入事故现场的应急救援人员必须根据发生中毒的毒物，选择佩戴个体防护用品。进入半水煤气、一氧化碳、硫化氢、二氧化碳、氮气等中毒事故现场，必须佩戴防毒面具、正压式呼吸器，穿消防防护服；进入液氨中毒事故现场，必须佩戴正压式呼吸器，穿气密性防护服，同时做好防冻伤的防护。

（2）询情、侦查。

救援人员到达现场后，应立即询问中毒人员、被困人员情况、毒物名称、泄漏量等，并安排侦查人员进行侦查，内容包括确认中毒、被困人员的位置；泄漏扩散区域及周围有无火源、泄漏物质浓度等，并制订处置具体方案。

（3）确定警戒区和救援路线。

综合侦查情况，确定警戒区域，设置警戒标志，疏散警戒区域内与救援无关人员至安全区域，切断火源，严格限制出入。救援人员在上风、侧风方向选择救援路线。

（4）现场急救。

① 迅速将染毒者撤离现场，转移到上风或侧上风方向等空气无污染地区；有条件时应立即进行呼吸道及全身防护，防止继续吸入染毒。

② 立即脱去被污染者的服装；皮肤污染者，用流动清水或肥皂水彻底冲洗；眼睛污染者，用大量流动清水彻底冲洗。

③ 对呼吸、心跳停止者，应立即进行人工呼吸和心脏按压，采取心肺复苏措施，并给予氧气。

④ 严重者立即送往医院观察治疗。

（5）排除险情。

① 禁火抑爆：迅速清除警戒区内所有火源、电源、热源和与泄漏物化学性质相抵触的物品，加强通风，防止引起燃烧爆炸。

② 稀释驱散：在泄漏储罐、容器或管道的四周设置喷雾水枪，用大量的喷雾水、开花水流进行稀释，抑制泄漏物漂流方向和飘散高度。室内加强自然通风和机械排风。

③ 中和吸收：高浓度液氨泄漏区，喷含盐酸的雾状水中和、稀释、溶解，构筑围堤或挖坑收容产生的大量废水。

④ 关阀断源：安排熟悉现场的操作人员关闭泄漏点上下游阀门和进料阀门，切断泄漏途径，在处理过程中，应使用雾状水和开花水配合完成。

⑤ 器具堵漏：使用堵漏工具和材料对泄漏点进行堵漏处理。

⑥ 倒灌转移：液氨储罐发生泄漏，在无法堵漏的情况下，可将泄漏储罐内的液氨倒入备用储罐或液氨槽车。

（6）洗消。

① 围堤堵截：筑堤堵截泄漏液体或者引流到安全地点，储罐区发生液体泄漏时，要及时关闭雨水阀，防止物料沿明沟外流。

② 稀释与覆盖：对于一氧化碳、氢气、硫化氢等气体泄漏，为降低大气中气体的浓度，向气云喷射雾状水稀释和驱散气云，同时可采用移动风机，加速气体向高空扩散。对液氨泄漏，为减少向大气中的蒸发，可用喷射雾状水稀释和溶解或用含盐酸水喷射中和，抑制其蒸发。

③ 收容（集）：对于大量泄漏，可选择用泵将泄漏出的物料抽到容器或槽车内；当泄漏量小时，可用吸附材料、中和材料等吸收中和。

④ 废弃：将收集的泄漏物运至废物处理场所处置，用消防水冲洗剩下的少量物料，冲洗水排入污水系统处理。

3. 高温职业病危害事故

（1）轻症中暑的患者，让其迅速离开高温或日照作业环境，到通风良好或阴凉处，适当吹风并给以清凉饮料，稍休息可恢复正常；头痛、头晕、恶心等症状明显者给予消暑药物，可很快恢复正常。

（2）重症中暑者，应送医院抢救治疗，根据病情分别以补充水分和电解质为主；昏迷者应积极处理昏迷，并要注意预防休克和脑水肿的发生。

4. 噪声职业病危害事故

（1）如果设备发生故障，出现异常噪声或噪声指标超过国家最高标准时，要立即停止设备运行，开启备用设备并通知调度室。

（2）定期体检发现职工听力严重下降或出现严重烦躁情绪，应及时调离原工作岗位。

5. 化学品职业病危害事故

（1）化学性皮肤烧伤处置。

① 立即移离现场，迅速脱去被化学物污染的衣裤、鞋袜等；

② 立即用大量清水或自来水冲洗创面10～15分钟；

③ 新鲜创面上不要任意涂抹油膏或红药水；

④ 视烧伤情况送医院治疗。

（2）化学性眼烧伤处置。

① 迅速在现场用流动清水冲洗；

② 冲洗时眼皮一定要掰开；

③ 如无冲洗设备，可把头埋入清洁盆水中，掰开眼皮，转动眼球洗涤。

（3）酸类（硫酸、盐酸）灼伤处置。

① 灼伤处先用布擦拭干净，然后用大量清水进行冲洗；

② 灼伤处如用清水直接冲洗会造成局部灼伤部位受伤面积更加扩大，因为酸和水相遇会起到加速发热反应的作用；

③ 严重灼伤，立即送医院就医。

6. 中毒职业病危害事故

（1）发生急性中毒应立即将中毒者送医院急救，并向院方提供中毒的原因、毒物名称等。

（2）若不能立即到达医院，可采取现场急救处理：吸入中毒者，迅速脱离中毒现场，向上风向转移至新鲜空气处，松开患者衣领和裤带；口服中毒者，应立即用催吐的方法使毒物吐出。

（十一）舆情应急处置方案

舆情应急处置，应坚持以正面导向为主，把握主动权，增强事件处理透明度，以疏代堵，以便切实加强公司日常工作中舆情突发事件处理与信息发布工作，最大限度地避免、缩小和消除因舆情突发事件造成的各种负面影响，掌握引导舆情的主动权，及时、有效地处理客户的意见和建议，营造和谐稳定的社会环境。

1. 工作原则

（1）准确把握、快速反应。舆情事件发生后，首先与市公司新闻中心取得联系，力争在第一时间发布准确、权威信息，稳定公众情绪，最大限度地避免或减少公众猜测的不准确报道，掌握舆论的主动权。

（2）加强引导、注重效果。提高正确引导舆论的意识和工作水平，使突发事件的舆情发布有利于公司工作大局，有利于维护人民群众的切身利益，有利于社会稳定和人心安定，有利于事件的妥善处置。

（3）讲究方法、提高效能。坚持舆情突发事件处置与宣传同步启动、同时落实，积极引导和应用好媒体，处置舆情突发事件的各部门密切配合舆情发布工作，确保以最短的时间、最快的速度，发布最新消息，正确引导舆论。

（4）严格制度、明确职责。完善公司工作信息报送制度，加强组织协调和归口管理，健全制度，明确责任，严明纪律，严格奖惩。

2. 具体程序

（1）各部门、各班组要密切注意舆情动态，发现问题及时向公司主要领导报告，由各部室负责人集体对事件进行初步分析，根据事件严重程度决定是否召开舆情应急处置工作会议。

（2）舆情应急处置工作领导小组接到汇报后，召开应急会议，有针对性地布置处置工作，形成新闻通稿并组织宣传报道。

（3）工作领导小组将舆情情况及时以书面形式上报公司新闻中心，及时上报事件有关信息，并与新闻媒体及时保持信息沟通。

（4）做好突发公众舆论事件的24小时全程处置工作的文字、声像记录工作。

3. 工作任务

按照“快速反应、确认事实、有效应对、妥善处理”的原则，对各大网站和新闻媒体反映客运出租行业的舆情信息和报道，及时预警和应对，努力推进媒体舆情信息办理工作制度化、规范化。

（1）迅速反应，严控事态影响。具体承办人员在办公室的领导下要搜集舆情信息，要每天浏览、搜集报刊、电视、广播、网站、论坛、微博、百度贴吧等涉及客运出租行业的舆情信息。

（2）发现一般舆情信息后，要及时报办公室负责人，协调有关科室部门进行处置应对；发现重大舆情信息要及时报告上一级部门，同时向单位主管领导报告。

（3）收到上级部门批转件后要第一时间成立调查组展开调查，提出明确的处理意见，并按规定时限办理和应对上报办理结果；对特急舆情和重大舆情，要在接到批转件后24小时内办结，防止影响扩散；对一般舆情要在接到批转件后2小时内正面回应，并在3天内办结；因情况复杂不能按时办结的，要做出解释说明，上报阶段性进展情况；办理结果要实事求是、真实可靠，快速发现和整理全网舆情，实时监测企业负面，行业舆论。

（4）要借助媒体，拓宽应对空间。日常工作中，要主动积极寻求各种媒体的帮助配合和互联网管理部门的支持，有效控制舆情的进一步扩散。

（5）强化督查，严肃追究责任。监察部门要按照“批给谁，谁承办，谁上报，谁回复”的原则进行监督办理。对未能及时按规定时间办结并且不上报进展情况和没有及时主动进行网络及媒体回复的，在全行业进行通报并报上一级主管部门。对在工作中因为失职造成重大不良影响的，将追究相关部门和人员的责任。

4. 健全制度

（1）建立信息反馈常态机制。在日常工作过程中，要突出重点，把握关键，切实加强工作调度，认真做好信息反馈，严格执行信息报送制度。

（2）建立舆情监控体系。积极应对于媒体舆情，如通过报纸、广播、电视、网络等媒介传播的舆情信息，要加强监测监控力度，设专人进行监控，做到早发现、早上报、早应对、早处置。

（3）健全信息公开制度。要全力做好信息公开透明，尤其是在处置突发事件过程中，要做到及时、客观、透明，把握舆论的主动权，最大程度消除突发事件所带来的社会负面影响，促进事态向良性方面发展。

（4）完善信息摸排机制。针对用户对公司工作的不良言论、片面认识或错误倾向，要第一时间做出反映，集体研究、集体协商、认真开展调查研究，全面摸清情况，向用户作出解释说明，让用户全面了解和正确认识国家的各项法律、法规。充分体现社会的法制性、民主性和公平性。

（十二）新冠肺炎疫情应急处置方案

1. 防疫物资准备情况

防疫物资准备情况见表2-21。

表2-21　防疫物资准备情况

防疫物资	口罩	测温仪器	消毒液	酒精	消毒手套	消毒服装	护目镜
数量	×××个	×××个	×××kg	×××kg	×××副	×××套	×××个

2. 防控措施

（1）现场防控措施：项目口罩、电子测温仪、消毒液、酒精、消毒喷洒设备、隔离室等各类防护设施已落实到位；并建立日常消毒台账，每日至少两次对生活区、办公区、宿舍卫生间等重点区域进行消毒、通风换气，保持室内卫生清洁；做好施工现场卫生管理、个人卫生防护和生活垃圾装袋清理，及时组织开展全面的病媒生物防治与消杀，有效降低病媒生物密度；最大限度减少公共场所人员聚集和社会人员横向流动，取消室内聚集活动，减少集中组织会议。

（2）人员防控措施：按照“现场封闭管理”“外防输入，内防扩散”的原则，严把疫情输入关、预防关、应急关，做到早发现、早报告、早隔离、早治疗，防止疫情在建设工程施工现场发生和传播。

① 严控开工时间：充分认识当前疫情防控形势的严峻性，坚决克服麻痹懈怠思想。本项目在未经允许的情况下坚决不私自开工，工地所有工人一律不得入场。所有项目（包括土石方、土建施工）开工之前报建设行政主管部门审批，待审批通过后进行施工。

② 严防疫情输入：公司施工工地外设置固定场所作为隔离区，项目部对外部进场人员实行严格准入制度，对符合疫情防控要求的人员准予进入施工现场并进行实名登记备案。拟进场外地人员（含管理人员、劳务工人）到场后，安排在工地外固定隔离区按照有关要求进行自我隔离，对来自重点疫区人员的隔离时间要从严把握，到期无发病症状后，持隔离区所在地出具的已隔离证明方可进入建设工地。

（3）疑似病例应急处置措施：当施工现场出现疫情预警时，立即启动应急处置方案后，在第一时间采取如下措施：

① 在第一时间内向上级主管部门、卫生部门报告。

② 对一般发热等病人的处理：出现发热咳嗽咽痛等症状，应及时就医，不得带病上班。发热病人退热两天后，且无反复，凭医院的健康证明，才能回岗。在规定时间内将发热人数向相关上级主管部门报告，并对病人做跟踪了解。

③ 对可疑病例的处理：发热病人经医院认为有传染病疑似病例嫌疑的，项目部第一时间立即报告主管部门。对在施工现场发现病人和接触过的人员，要在第一时间进行隔离观察通知医院诊治。

施工现场要对可疑病人所在寝室或活动场所进行彻底消毒；对与可疑病人密切接触的人员进行隔离观察。

可疑病人在医院接受治疗时，禁止任何人员前往探望。

施工现场应根据可疑病人活动的范围，在相应的范围内调整施工计划和安排。

④ 对传染病人的处理：

若“疑似病人”被医院正式确诊为传染病患者，项目部要立即向上级报告，并采取一切有效措施，迅速控制传染源，切断传染途径，保护易感人群，具体要求如下：

a. 封锁疫点。立即封锁患者所在寝室及班组，等待卫生部门和相关主管部门的处理意见。

b. 疫点消毒。对施工现场所有场所进行彻底消毒，消毒必须严格按标准操作，消毒结束后进行通风换气。

c. 疫情调查。施工现场应配合卫生部门进行流行病学调查。对传染病人到过的场所、接触过的人员，进行随访，并采取必要的隔离观察措施。

⑤ 根据相关规定，出现因疫情原因需要部分或全部停工，按上级卫生健康委和卫生部门的通知精神执行。

⑥ 准备一定数量的体温计和口罩等应急物资。

（4）疫情防控报告制度。

① 施工现场发现有新型冠状病毒感染症状（发烧、咳嗽、身体乏力等症状）时疫情报告工作领导小组报告立即按要求上报上级领导部门。

② 工程项目各部门和个人对突发事件不许隐瞒、谎报、缓报或授意他人隐瞒、缓报、谎报。

③ 在规定报告的同时，立即启动本预案，要求各小组成员各司其职，对报告事项调查核实、取证，采取必要的控制措施，配合上级卫生行政主管部门开展应急处置工作。

④ 项目部设立应急组织机构，各小组人员 24 小时全线开通。及时听取和解答各部门的疫情报告、急救求治问题。

（5）及时接种新冠疫苗。

① 接种前，应提前了解新冠肺炎疾病、新冠肺炎疫苗相关知识及接种流程；了解自己的身体状况，好好休息，让身体保持在一个较好的生理状态，最好不要空腹接种；新冠肺炎疫苗接种部位为上臂三角肌，建议穿方便穿脱的宽松衣服；按组织接种人员通知携带身份证、手机等物品，佩戴好口罩前往。

② 接种新冠肺炎疫苗时全程佩戴口罩，按接种点标识有序排队，保持 1 米以上社交距离；向医生主动提供自己健康状况，近期服用的药物信息，并如实填写知情同意书；如果接种部位有伤口，尽量避开伤口选择另一侧接种。

③ 接种完毕，需在接种点留观 30 分钟；止血棉签丢入医疗垃圾桶或黄色医疗废物垃圾袋中。在接种点留观区观察 30 分钟，无不适症状后才可以离开接种点；接种当日注射部位保持干燥并注意个人卫生；如果出现持续发烧等现象，应及时就医并向接种单位报告。

第三篇

企业安全事故综合应急预案

一、总　　则

（一）编制目的

为了建立本公司安全事故应急管理体系，明确公司应急救援组织和运作方法，指导应急救援人员在发生生产安全事故时能够及时有效地实施救援措施，最大限度地降低事故的危害程度，防止和减少人员伤亡、财产损失和环境损失，特制订本预案。

（二）编制依据

《中华人民共和国安全生产法》

《中华人民共和国民法典》（应急管理相关内容摘选）

《中共中央国务院关于推进安全生产领域改革发展的意见》

《应急管理部关于修改〈生产安全事故应急预案管理办法〉的决定》

《生产经营单位生产安全事故应急预案编制导则》（GB/T 29639—2020）

《国家安全监管总局关于修改〈生产安全事故报告和调查处理条例〉罚款处罚暂行规定等四部规章的决定》（国家安全生产监督管理总局令第 77 号）

《企业职工伤亡事故分类》（GB 6441—1986）

《生产安全事故信息报告和处置办法》（国家安全生产监督管理总局令 第 21 号）

《国务院关于进一步加强企业安全生产工作的通知》（国发〔2010〕23 号）

《生产安全事故应急预案管理办法》

《山东省生产安全事故应急办法》（省政府令 第 341 号）

《山东省突发事件应急保障条例》

《山东省安全生产风险管控办法》（省政府令 第 331 号）

《生产安全事故应急条例》（中华人民共和国国务院令 第 708 号）

《山东省安全生产工作任务分工》

（三）术语与定义

1. 应急预案

应急预案是指面对突发事件如自然灾害、重大特大事故、环境公害及人为破坏的应急管理、指挥、救援计划等。应急预案一般应建立在综合防灾规划上。其几大重要子系统为：完善的应急组织管理指挥系统；强有力的应急工程救援保障体系；综合协调、应对自如的相互支持系统；充分备灾的保障供应体系；体现综合救援的应急队伍等。

2. 危险源

危险源是指可能导致人员伤害或疾病、物质财产损失、工作环境破坏或这些情况组合的根源或状态因素。

3. 信息报告

信息报告是公共关系部门向上级传递信息的一种文字形式。信息报告运用直接、具体的文字，反映事实的发展过程，作为企业领导决策的依据。其形成过程是：公共关系部门对所搜集的信息进行整理、分析，得出结论，再将结论形成文字，然后迅速提供给企业管理层。其内容包括产品流向、公众意见、社会动态、用户反映、企业信誉度等。

（四）分类分级

本预案所称突发事件包括工业生产事故、公共卫生事故、自然灾害事故、社会安全事故。

（1）工业生产事故：主要包括火灾爆炸、危险化学品（含剧毒）、油气管线泄漏、放射性事件等。

（2）公共卫生事故：主要包括突发重大食物中毒事件、急性职业中毒事件、重大传染病情和群体性不明原因疾病等。

（3）自然灾害事故：主要包括破坏性地震、气象灾害等。

（4）社会安全事故：主要包括恐怖袭击事件、刑事案件、民族宗教事件、经济安全事件、网络与信息安全事件、涉外突发事件和群体性事件等。

上述突发事件发生时，在类别上易出现相互交叉关联现象，或引发次生、衍生事件，应具体分析，统筹应对。

各类突发事件根据其性质、严重程度、可控性和影响范围等，分为两级：①轻微事故，死亡0人，重伤0人，直接经济损失0元，上报县级，企业处理；②一般事故，死亡1～2人，重伤1～9人（包括急性工业中毒，下同），直接经济损失100万～900万元，上报市级，县级处理。《济南市特别重大、重大、较大和一般突发事件分级标准（试行）》作为突发事件分级、信息报送和分级响应处置的基本依据。法律、法规、规章及上级文件另有规定的，从其规定。

（五）适用范围

本应急预案适用于公司在安全生产事故方面的应对工作。

（六）应急预案体系

本预案包括预防与预警、应急响应、信息发布、后期处理、保障措施、培训与演练等相关内容。

（七）应急工作原则

1. 以人为本，减少危害

把保障员工生命安全和身体健康，最大程度地预防、减少和消除突发事件造成的人员伤亡、财产损失和社会影响作为首要任务，切实加强突发事件管理工作。

2. 统一领导，分级负责

在公司统一领导和公司的组织下，在公司突发事件应急指挥机构组织协调下，各部门按照各自的职责和权限，负责有关突发事件的应急管理和应急处置工作，建立健全应急预案和应急机制。

3. 预防为主，平战结合

贯彻落实“安全第一，预防为主，综合治理”的方针，坚持突发事件应急与预防工作相结合。做好预防、预测、预警和预报工作，做好常态下的风险评估、物资储备、队伍建设、完善装备、预案演练等工作。

4. 及时反应，积极应对

出现信息系统故障时，信息系统维护人员应及时发现、及时报告、及时抢修、及时控制，积极对信息系统突发事件进行防范、检测、预警、报告、响应。

5. 快速恢复，迅速解决

信息系统管理人员在坚持快速恢复系统的原则下，根据职责分工，加强团结协作，必要情况下与设备供应商以及系统集成商共同谋求问题的快速解决。

6. 防范为主，加强监控

经常性地做好应对信息系统突发事件的思想准备、预案准备、机制准备和工作准备，提高基础设备和重要信息系统的综合保障水平。加强对信息系统应用的日常监视，及时发现信息系统突发性事件并采取有效措施，迅速控制事件影响范围，力争将损失降到最低程度。

（八）成员和职责

1. 公司应急救援领导小组名单及职责分工

组长：×××任总指挥

副组长：×××任副总指挥组员

2. 成立事故应急指挥部和相应的事故抢险组

指挥部由总指挥、副总指挥和联络员组成。

（1）指挥部

主要职责：

① 组织制订本单位安全生产规章制度。

② 保证本单位安全生产投入的有效实施。

③ 组织安全检查，及时消除安全事故隐患。

④ 组织制订并实施安全事故应急预案。

⑤ 负责现场急救的指挥工作。

⑥ 及时、如实报告生产安全事故。

（2）总指挥：×××

主要职责：负责组织企业的应急救援指挥工作，发布抢险救援命令，对特殊情况进行紧急决断，协调副总指挥工作内容，向上级领导汇报事故及处理情况。

（3）副总指挥：×××

主要职责：负责协助总指挥作好抢险现场救灾工作的紧急组织，具体负责抢险队的指挥，向总指挥汇报情况，落实总指挥发布的抢险命令；负责指挥技术人员，对抢险、抢修作业根据技术规范和工艺情况，提供准确可行的抢险方案，并随时向总指挥汇报情况。负责义务消防经警人员的安排和现场保卫及周边警戒的工作，布置善后的现场保护，维护工作秩序，防止意外破坏情况发生。

（4）安全部负责人：×××

主要职责：协助总指挥做好事故报警、情况通报及事故处置工作；负责灭火、警戒、治安保卫、疏散、道路管制工作；负责现场医疗救护指挥及伤亡、中毒人员分类抢救和护送转院工作。

（5）企管部负责人：×××

主要职责：负责事故处置时生产系统的调度工作事故现场通信联系和对外联系；负责事故现场及有害有毒物质扩散区域内的监测和处理工作。

（6）质量部负责人：×××

主要职责：协助总指挥负责工程抢险、抢修工作的现场指挥。

（7）物资设备负责人：×××

主要职责：负责抢修和抢救伤亡、中毒人员的有关必需品的供应工作；负责抢险救援物资的供应和运输工作。

（8）联络员：×××

联系电话：×××××××××××

主要职责：随时向安全、生产副指挥汇报，负责按指挥部命令进行上、下级的联系和各抢险队间的联系，做好抢险工作记录。协助检查预案执行情况，根据现场技术人员的意见，随时向指挥部汇报。接待有关部门人员的询问。

二、组织机构及职责

（一）应急组织体系

（1）事故应急救援工作在企业领导统一领导下，各有关职能科室分工合作，各司其职，密切配合，迅速、高效、有序开展。

（2）成立应急救援总指挥部。总指挥由总经理担任，副总指挥由副总经理担任。成员由各办公室、各科室负责人组成。组织体系如图 1 所示。

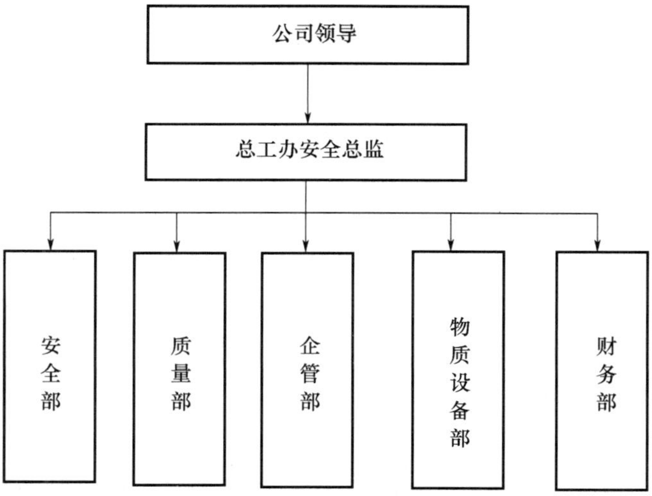

图 1　应急组织体系

（二）组织机构及职责

1. 应急救援总指挥部成员及职责

（1）应急救援总指挥部成员：

总指挥：×××　　　　　　　　联系方式：×××××××××××

副总指挥：×××　　　　　　　联系方式：×××××××××××

成员：

公司领导、总工办安全总监，安全部、质量部、企管部、物资设备部、财务部相关应急救援指挥部成员。

（2）职责：

① 接受上级部门、所在地应急救援机构的领导并落实指令。

② 负责统一部署应急预案的实施工作，及紧急处理措施。

③ 组织制订本单位安全事故应急预案。

④ 及时准确向所在镇及有关部门报告事故情况。

⑤ 负责调用本企业范围内各类物资、设备、人员和占用场地。

⑥ 负责组织人员和物资疏散。

⑦ 负责组织预案的演练，及时对预案进行调整、修订和补充。

2. 应急指挥办公室成员及职责

（1）应急指挥办公室成员：

主任：×××　　　　　　　　联系方式：×××××××××××

副主任：×××　　　　　　　联系方式：×××××××××××

成员：公司领导、总工办安全总监，安全部、质量部、企管部、物资设备部、财务部相关应急救援指挥部成员。

（2）职责：

① 应急指挥部办公室是本企业应急指挥部日常办事机构，负责平时应急准备及信息报送、组织联络等工作。

② 负责与外界渠道沟通、引导公众舆论。

3. 抢险、抢修组成员及职责

（1）抢险、抢修组成员：

组长：×××　　　　　　　　联系方式：×××××××××××

副组长：×××　　　　　　　联系方式：×××××××××××

成员：公司领导、总工办安全总监，安全部、质量部、企管部、物资设备部、财务部相关抢险、抢修组成员。

（2）职责：

① 该组成员要对事故现场、地形、设备、工艺熟悉，在具有防护措施的前提下，必要时深入事故发生中心区域，关闭系统，抢修设备，防止事故扩大，降低事故损失；抑制危害范围的扩大，并且负责事故调查工作。

② 负责人：×××　　　　　　联系方式：×××××××××××。

4. 消防治安组成员及职责

（1）消防治安组成员：

组长：×××　　　　　　　　联系方式：×××××××××××

副组长：×××　　　　　　　联系方式：×××××××××××

成员：公司领导、总工办安全总监，安全部、质量部、企管部、物资设备部、财务部相关消防治安组成员。

（2）职责：

① 由安全部牵头，各相关部门配合组成。

② 负责维持企业治安，按施工发展势态有计划疏散人员，控制事故区域人员、车辆进出。

③ 负责对火灾、泄漏事故的灭火、堵漏等任务，并对其他具有泄漏火灾、爆炸等潜在危险点进行监控和保护，采取有效措施防止事故扩大，造成二次事故。

④ 负责有关事故直接责任人的监护。

⑤ 参加事故调查

5. 后勤保障组成员及职责

（1）后勤保障组成员：

组长：×××　　　　　　　联系方式：×××××××××××

副组长：×××　　　　　　联系方式：×××××××××××

成员：公司领导、总工办安全总监，安全部、质量部、企管部、物资设备部、财务部相关后勤保障组成员。

（2）职责：

① 负责为急救行动提供物质保证，包括应急抢险器材、救援保护器材、监测分析器材等。

② 负责人：×××　　　　　联系方式：×××××××××××。

6. 善后处理组成员及职责

（1）善后处理组成员：

组长：×××　　　　　　　联系方式：×××××××××××

副组长：×××　　　　　　联系方式：×××××××××××

成员：公司领导、总工办安全总监，安全部、质量部、企管部、物资设备部、财务部相关善后处理组成员。

（2）职责：

① 负责组织落实救援人员后勤保障和善后处理工作。

② 负责人：×××　　　　　联系方式：×××××××××××。

7. 通信救护组成员及职责

（1）通信救护组成员：

组长：×××　　　　　　　联系方式：×××××××××××

副组长：×××　　　　　　联系方式：×××××××××××

成员：公司领导、总工办安全总监，安全部、质量部、企管部、物资设备部、财务部相关通讯救护组成员。

（2）职责：

① 负责及时将所发生的事故报告给主管。

② 负责向上级部门报告，并负责联络相关救援人员及时到位。

③ 负责对受伤人员实施医疗救护，提供运送车辆，联系确定治疗医院，办理相关手续。

④ 负责提出危险品贮存区域及重点目标的建议。

⑤ 负责各专业救援组与总调度室和领导小组之间的通信联络。

⑥ 负责配合事故调查。

8. 专家组成员及职责

（1）专家组成员：

组长：×××

成员：×××等

（2）职责：为企业生产安全事故的处理提供建议和指导。

（三）工作机构

企业根据应对突发事件需要设立突发事件专项应急指挥部，在企业领导下，具体负责相关突发事件应对工作的组织、指挥和协调。专项应急指挥部总指挥原则上由企业分管领导担任，成员由有关部门（单位）相关负责人组成。发生突发事件未明确专项应急指挥机构的，由相关主管部门（单位）为具体指挥机构；主管部门（单位）不明确的，由企业指定。

（1）专项应急指挥部主要职责：贯彻执行应对突发事件法律法规，研究解决相关类别突发事件的重大问题及重要事项；贯彻落实企业和上级相关机构决定事项；组织、协调和指挥有关突发事件应对工作；组织指挥一般突发事件应急处置，必要时请求市政府有关部门支持；负责较大、重大、特别重大突发事件先期处置；对敏感性、可能发生次生或衍生危害的突发事件或预警信息加强监测分析，及时组织专家会商研判，按规定做好信息报告、发布和应急响应工作；负责专项应急指挥部所属应急救援队伍建设、应急物资储备管理、应急管理教育培训等；根据突发事件实际情况和发展趋势，决定启动、终止专项应急预案的应急响应，负责组建现场指挥部，制订现场处置方案；承担企业交办的其他事项。

（2）专项应急指挥部办公室设在处置突发事件主要职责部门，办公室主任由部门主要负责人担任，为专项应急指挥部的日常办事机构。

专项应急指挥部办公室主要职责：组织落实本指挥部决定；负责突发事件专项应急预案编制、修订、演练和评估；协调成员单位按照预案和职责开展突发事件应急处置；建立突发事件监测预警、信息收集制度，统一接收、处理、核实、研判信息，按规定实施信息报告；组织做好突发事件信息发布和舆情应对工作；负责本类突发事件专家组日常管理；根据专项应急指挥部及分管领导要求，处置一般突发事件。

各部门依据《中华人民共和国突发事件应对法》《山东省突发事件应对条例》等规定和各自职责，对本公司多发易发事件、主要风险等进行评估，有针对性编制相关应急预案，做好突发事件预防与应急处置工作。若发生暂无区级专项应急预案的突发事件，在事发地街道办事处实施先期处置的同时，根据工作分工，由分管领导、突发事件处置主要职责部门主要负责人组成临时应急指挥部，参照市政府相关专项应急预案、内容相近的专项应急预案，并依据总体应急预案做好突发事件应急指挥、协调处置等工作。

三、预防与预警

（一）危险源监控

1. 机械伤害事故预防监控措施

（1）按技术性能要求正确使用机械设备，随时检查安全装置是否失效。

（2）按操作规程进行机械操作。

（3）处在运行和运转中的机械严禁进行维修、保养或调整等作业。

（4）按时进行保养，发现有漏保、失修或超载带病运转等情况时停止其使用。

2. 火灾事故预防监控措施

（1）对车间、仓库、生活区、食堂等进行经常性的安全防火检查。

（2）配置安装短路和漏电保护装置，必要的场所安装带报警装置的漏电保护器。

（3）对车间、仓库易燃区域安装火灾报警装置及火灾喷淋装置。

（4）严格控制明火作业，杜绝吸烟现象。

（5）定期对高大设备的防雷接地进行检查、检测。

（6）存放易燃气体、易燃物仓库内的电气装置采用防爆型装置。

3. 触电预防措施

（1）用电设备及用电装置按照国家有关规定进行设计、安装及使用。

（2）非电工人员严禁安装、拆卸电气用电设备及用电装置。

（3）严格对不同的环境下的安全电压进行检查。

（4）带电体之间、带电体与地面、带电体与其他设施之间、工作人员与带电体之间必须保持足够的安全距离，进行隔离防护。

（5）在有触电危险的处所设置醒目的文字或图形标志。

（6）设备的金属外壳采用接地措施。

（7）供电系统正常采用接地系统，工作零线和保护零线区分开。

（8）漏电保护装置必须定期进行检查。

4. 易燃、易爆危险品引起火灾、爆炸事故预防监控措施

（1）使用挥发性、易燃性等易燃、易爆危险品的现场不得使用明火或吸烟，同时应加强通风，使作业场所有害气体浓度降低。

（2）焊、割作业点与氧气瓶、乙炔气瓶等危险品物品的距离不得少于 10 米，与易燃、易爆物品的距离不得少于 30 米。

（二）预警行动

接警人员接到报警后，应迅速向指挥部负责人报告，报告的内容包括发生事故的单

位、时间、地点、性质、类型、受伤人员情况、事故损失情况、需要的急救措施及达到现场的路线方式等，指挥部启动应急预案，通知相关专业组赶赴现场，实施救援，并视情况向所在地报告。

（三）信息报告处理

1. 信息报告与通知

（1）应急指挥部办公室设立值班室，保证值班人员24小时值班。值班室明示应急组织通信联系人及电话等。

（2）突发安全事故发生时，事故现场有关人员迅速报告应急指挥机构（应急指挥部办公室）。

（3）应急指挥办公室值班人员接警后，立即将警情报告应急救援总指挥部总指挥、副总指挥及相关单位（部门）负责人报告。同时按规定，向所在地报告。

2. 信息上报

（1）事故发生后，指挥部应立即上报主管部门和所在地。

（2）信息上报内容：单位发生事故概况；事故发生时间、部位以及事故现场情况；事故的简要经过；事故已经造成的伤亡人数（包括下落不明的人数）和初步统计的直接经济损失；已经采取的措施等。

（3）根据事故性质，应急救援总指挥部按照国家规定的程序和时限，及时向所在地有关部门报告。

四、应急响应

（一）响应分级

按突发事件的可控性、严重程度和影响范围，并与区安监局响应分级衔接，将公司的事故响应级别分为Ⅰ级响应和Ⅱ级响应两级。

（1）Ⅰ级响应：造成人员死亡、或重伤、或损失 20 万元以上直接经济损失、或造成社会影响的事故。

当发生Ⅰ级事故时，立即启动本应急预案；立即报告区安监局，与上级预案衔接。

（2）Ⅱ级响应：造成轻伤事故，或 20 万元以下直接经济损失、或造成社会影响的事故。

当发生Ⅱ级事故时立即启动应急预案，通知外部救援随时准备救援。

（二）响应程序

（1）应急指挥：应急总指挥负责公司事故的应急救援指挥工作，按照职责做好相应的指挥、部署工作，所有现场人员听从指挥。若需与天桥区相关部门衔接时，配合其指挥实施救援。

（2）应急行动：公司发生安全事故后应急指挥部成员和各应急救援小组立即赶赴现场，以保证现场工作人员与抢险救灾人员的安全成本、将事故的危害程度降到最低为原则，各司其责，快速行动，并按照应急处置方法实施应急救援。

（3）资源调配：应急行动过程中，积极获取外部力量支援，为减灾救灾提供人力、物资技术和其他支援工作。充分和合理调配各种通信与信息资源、应急队伍资源、应急物资装备资源、交通运输，医疗等保证措施。

（4）应急避险：事故发生后，现场的所有人员必须冷静判断，听从指挥，划定安全避险区域，防止次生事故或其他人身伤害事故发生。

（5）扩大应急：现场应急指挥根据安全事故现场的事态，判定自身应急救援队伍、应急物资装备等是否满足，及时向天桥区相关部门请求扩大应急，并协助天桥区相关部门和外部增援的应急力量实施应急行动。

（三）处置措施

（1）当发生突发事件，立即与突发事件所在部门联系，掌握时间进展情况，立即通知突发事件应急指挥部，在应急指挥部的指挥和协调下，通知有关部门及应急救援队伍赶赴现场进行事故抢险救灾工作。

（2）召集、调动抢救力量，各部门接到应急指挥部指令后，立即响应，派遣事故抢救人员、物资设备等迅速达到指定位置聚集，并听从总指挥的安排。

（3）应急指挥部按本预案确定的原则迅速组织应急救援力量进行应急抢救，并且要与参加应急行动的部门保持通信畅通。

（4）当现场现有应急力量和资源不能满足应急行动要求时，及时向上级主管单位报告请求支援。

（5）事故发生时，必须保护现场，对危险地区周边进行警戒封闭，按本预案营救、急救伤员和保护财产，如若发生特殊险情时，应急指挥部在充分考虑有关方面意见的基础上，依法及时采取应急处理措施。

（6）医疗卫生救援事故发生时，拨打 120 急救电话并及时赶到现场开展医疗救治、疾病预防控制等应急工作。

（四）事故现场处置

1. 火灾应急处置

组长：×××

副组长：×××

成员：×××、×××、×××、×××、×××

职责：

（1）发现火情，现场工作人员立即采取措施处理，防止火势蔓延并迅速报告。

（2）确定火灾发生的位置，判断出火灾发生的原因，如压缩气体、易燃物品、电器线路老化等。

（3）明确火灾周围环境，判断出是否有重大危险源分布及是否会带来次生灾难发生。

（4）明确救灾的基本方法，并采取相应措施，按照应急处置程序采用适当的消防器材进行扑救；包括木材、布料、纸张、橡胶以及塑料等的固体可燃材料的火灾，可采用水冷却法，但对珍贵图书、档案应使用二氧化碳、卤代烷、干粉灭火剂灭火。易燃可燃液体、化学药品火灾，使用干粉灭火剂将火灾扑灭。带电电气设备火灾，应切断电源后再灭火，因现场情况及其他原因，不能断电，需要带电灭火时，应使用沙子或干粉灭火器，不能使用泡沫灭火器或水。

（5）依据可能发生危险的化学品酒精的事故类别、危害程度级别，划定危险区，对事故现场周边区域进行隔离和疏导。

（6）视火情拨打 119 报警求救，并到明显位置引导消防车。

（7）火灾时疏散人员应注意的事项：

① 迅速判明上风方向。撤离现场的人员应迅速判明风向，可利用风向标、旗帜、树枝来辨明风向。

② 指导人群做好个人防护后，再撤离危险区域。如果发生泄漏事故后，应立即组织和指导污染区人员就地取材，采用简易有效的防护措施保护自己。如用透明塑料薄膜袋套住头部，用毛巾或布条扎住颈部，在口、鼻处挖出孔口，用湿毛巾或布料捂住口、

鼻，同时用雨衣、塑料布、毯子、大衣等物，把暴露的皮肤保护起来免受伤害，并向上风向快速转移至安全区域。

③ 防止继发性伤害。组织人群撤离危险区域时，应避免横穿危险区域，防止继发性伤害。

④ 发扬互助和互救的精神。发扬群众互帮互助和自救互救精神，对危重伤员应立即撤离污染区，就地实施急救。

2. 现场触电应急处置

组长：×××

副组长：×××

成员：×××、×××、×××、×××、×××

职责：

（1）触电急救的原则是在现场采取积极措施保护伤员生命。

（2）触电急救，首先要使触电者迅速脱离电源，越快越好，触电者未脱离电源前，救护人员不准用手直接触及伤员。使伤者脱离电源方法为切断电源开关。

（3）若电源开关较远，可用干燥的绝缘棒、竹竿等挑开触电者身上的电线或带电设备；可用几层干燥的衣服将手包住，或者站在干燥的木板上，拉触电者的衣服，使其脱离电源。

（4）触电者脱离电源后，应视其神志是否清醒，神志清醒者，应使其就地躺平，严密观察，暂时不要站立或走动；如神志不清，应就地仰面躺平，且确保气道通畅，并于5秒时间间隔呼叫伤员或轻拍其肩膀，以判定伤员是否意识丧失。禁止摇动伤员头部呼叫伤员。

（5）抢救的伤员应立即就地坚持用人工肺复苏法正确抢救，并设法联系就近的医疗机构接替救治。

3. 高处坠落应急处置

组长：×××

副组长：×××

成员：×××、×××、×××、×××、×××

职责：

（1）现场发现高处坠落危险源，召开会议进行准备工作（如搬运物资、清理场地、物资采购、生活用品采购），检查高处坠落应急救援物资，完成情况实施救援，事故过后现场安全检查、总结、完善应急预案。

（2）处置措施：呼救。当发现有人从高处坠落时，首先要呼救，救人是第一原则，在保证自己不被再次伤害的情况下，一边救人一边大声呼叫，呼叫内容要明确，地点或部位发生的情况，并将信息准确传出。

（3）现场听到呼叫的任何人，均有责任将高处坠落情况报告给与其最近的管理人员、应急救援小组成员，使消息迅速上报公司应急救援指挥部，采取对应措施。

4. 车辆伤害应急处置

组长：×××

副组长：×××

成员：×××、×××、×××、×××、×××

职责：

（1）发生未造成人员伤亡的交通事故时，司机或随乘人员应注意保证自身安全，保护好现场，立即拨打122交通报警电话，向保险公司报案，同时向应急指挥部报告；因特殊情况需改变现场的，要做好标记，尽可能找到证明人，取得联系方式。

（2）当交通事故造成人员伤亡时，应视情况开展自救或拨打120急救电话或122交通报警电话；当司机或随乘人员生命受到威胁时，可视情况离开现场，但需要保持与政府有关部门和应急领导指挥部的联系。

（3）应急指挥部接报后立即组织相关人员迅速赶赴现场，配合有关部门积极采取应急处置，同时及时通知公司领导。

（4）应急指挥部根据现场情况，及时通知伤者家属赶到救治医院，配合医疗救护人员开展医疗救护，并及时开展善后处理。

5. 物体打击应急处置

组长：×××

副组长：×××

成员：×××、×××、×××、×××、×××

职责：

（1）采样现场发生因滚垛、砌块磕伤等物体打击伤害事故时，现场负责人应第一时间报告应急领导指挥部，说清事故发生地点及危害程度，同时及时开展自救工作，有出血现象应第一时间止血，发生骨折等严重伤害，不要随意挪动伤者。

（2）应急指挥部接到事故报告后应第一时间组织人员赶赴现场，并将伤员送往附近医院救治。情况严重时应拨打120急救电话，请求专业救护支援。

6. 电梯安全事故保障

（1）应急组织机构。

根据分公司实际情况及突发性电梯事故的应急要求，对应急救援人员进行以下分工：①救援组；②救护组；③事故善后处理组。

（2）应急救援人员及分工。

① 救援组成员及职责分工：

组长：×××

副组长：×××

成员：×××、×××、×××、×××、×××

职责：

物业值班员和保安人员接到求助信号后，应当立即通知×××到现场进行处理；×××应用电梯配置的通信对讲系统或其他可行方式，同被困人员取得联系并告知电梯轿厢内被困乘客应注意的事项；×××应当立即向电梯维修保养单位报告，并要求电梯维修保养单位派专业人员进行救助，同时实施力所能及的处理；×××应当了解电梯轿厢所停楼层的位置、被困人数、是否有病人或其他危险因素等情况，如有紧急情况应当立即向有关部门报告；待专业人员赶到现场后，协助专业人员进行救助。

② 救护组成员及职责分工。

组长：×××

副组长：×××

成员：×××、×××、×××、×××、×××

职责：

负责将解救出来的受伤人员或疑似受伤人员，送往附近医院救治。

③ 事故善后处理组成员及职责分工。

组长：×××

副组长：×××

成员：×××、×××、×××、×××、×××

职责：

负责协调资金、物资，做好事故后的人员安置，并做好其他善后事宜；负责做好电梯事故的调查处理评估，协助相关部门做好事故的善后调查处理。

7. 设备安全事故保障

组长：×××

副组长：×××

成员：×××、×××、×××、×××、×××

职责：

（1）公司要定期检查特种设备完好情况，做好电工一线工人的培训工作，适时进行资格证书的审查。

（2）事故发生后，迅速将事故报总经理，及时抢救受伤员工，并拨打120急救电话请求援助。

（3）采取有效措施，做好善后处置工作。

8. 外出大型活动安全事故保障

组长：×××

副组长：×××

成员：×××、×××、×××、×××、×××

职责：

（1）公司各部门组织外出大型活动必须申报公司，经同意后方能实施，公司组织的外出大型活动要制订安全预防措施，并指定专人负责。

（2）事故发生后，应迅速抢救受伤员工，及时将事故信息报总指挥及相关部门。

（3）及时报打110报警电话、120急救电话请求援助，保护好事故现场。

（4）采取有效措施，做好善后处置工作。

9. 外来暴力侵害事故保障

组长：×××

副组长：×××

成员：×××、×××、×××、×××、×××

职责：

（1）公司外来的未经允许强行闯入公司者，公司门卫或保安人员不得放行，应及时将闯入者驱逐出公司，并由门卫或保安人员向其发出警告。

（2）公司内发现不良分子袭击、行凶等暴力侵害时，应先制止、制服，同时及时拨打110报警电话、120急救电话请求援助。

（3）对受伤员工及时救治。

（4）采取有效措施，做好善后处置工作。

10. 食物中毒安全事故保障

组长：×××

副组长：×××

成员：×××、×××、×××、×××、×××

职责：

（1）发生食物中毒安全事故，迅速将事故报总经理，及时报打120急救电话请求援助。

（2）积极协助卫生机构救助病人。

（3）封存造成食物中毒或可能导致食物中毒的食品和原料、工具、设备和现场。

（4）配合卫生防疫部门的调查，如实提供有关材料和样品。

（5）采取有效措施，做好善后处置工作。

11. 防范被盗事故保障

组长：×××

副组长：×××

成员：×××、×××、×××、×××、×××

职责：

（1）盗窃事件发生后，立即保护好现场，并通知物业管理部来进行调查，查找被盗原因。

（2）及时向企业领导报告情况。

（3）如发现有人现场作案，应先拨打110报警电话，并对正在实施犯罪行为的不法分子予以制止，组织保卫力量将其抓获交公安部门处理。

（4）突发疾病事故应急预案：

① 员工如突发疾病，在有行动能力的情况下要及时向直接领导求助，并采取必要的急救措施，拨打120急救电话。

② 应急处理工作人员应迅速赶赴现场，并配合组织救助。

③ 应急处理工作人员通知安全事故应急处理小组分管成员。分管成员应及时通知安全事故应急处理小组领导。

④ 配合上级妥善处理事故。

五、信息发布与舆情应对

事故发生后，由应急救援副总指挥代表应急小组，把应急救援各阶段进展情况及时准确向新闻媒体通报，发布信息时必须以事实为依据，与行政主管部门一同，客观准确表述事故态势、发展状况及救援情况。救援结束后，事故调查和处理信息由行政主管部门统一发布。应急指挥部应对事故进行分析总结，向企业职工通报事故原因，处理结果和避免事故发生的预防措施。信息发布由应急总指挥负责。未经批准，任何个人不得随意散播事故信息。对较大安全生产需要对媒体凡发布的应由集团公司或政府部门及时准确通报事故信息。

1. 信息系统检测及报告

（1）信息系统的日常管理和维护。

信息系统的日常管理和维护应加强信息系统应用的监测、分析和预警工作。

（2）建立信息系统故障事故报告制度。

发生信息系统故障时，值班人员应当立即向应急处理小组领导报告，并及时进行故障处理、调查核实、保存相关证据等。

2. 预警

在接到突发事件报告后，应当经初步核实之后，将有关情况及时向应急处理小组领导报告，进一步进行情况综合，研究分析可能造成损害的程度，提出初步行动对策。由上级领导视情况紧急程度召集协调会，决策行动方案，发布指示和实施命令等。

3. 预防机制

各业务信息系统和重要信息系统建设要充分考虑抗毁性与灾难恢复，制订并不断完善应急处理预案。针对基础信息系统的突发性、大规模异常事件，各相关部门建立制度化、程序化的处理流程。

4. 信息系统应急预案启动

（1）应急处理工作小组从业务人员或值班人员的故障申告、信息系统监控报告的故障告警中得知信息系统异常事件后，应在第一时间赶赴信息系统故障现场。

（2）应急处理工作小组针对信息系统事件做出初步的分析判断。若是电源接触不好、物理连线松动或者能在最短时间内自行解决的信息系统问题，及时按照有关操作规程进行故障处理，并报领导小组备案。否则，应急处理工作小组将故障大致定性为设备故障、线路故障、软件故障等故障之一，及时告知领导小组和受影响的相关部门，并采取措施避免事件影响范围的扩大。

（3）应急处理工作小组向领导小组报告，在领导小组的授权后启动相应的应急预案。

（4）应急处理工作小组根据故障类型及时与外部支持人员取得联系。其中，设备故障的，可与设备供应商和集成商联系；软件故障的，可与系统集成商联系，由系统集成商进行现场或远程技术支持；线路故障的，可与电信运营商联系，三方密切协作力求通信线路在短时间内恢复正常。

（5）应急处理工作小组在上级机构或外部支持人员的配合下，充分利用应急预案的资源准备，采取有力措施进行故障处理，及时恢复信息系统的正常工作状态。

（6）应急处理工作小组通知业务部门信息系统恢复正常，并向领导小组报告故障处理的基本情况。重大事件形成文字资料，以书面形式向上级报告。

（7）总结整个处理过程中出现的问题，并及时改进应急预案。

突发事件信息发布应当遵循依法、及时、准确、客观的原则。专项应急指挥部要在突发事件发生后及时向社会发布事件基本情况，以及事态进展、政府应对措施和公众安全防范措施等，并根据处置情况做好后续发布工作。同时，根据事态进展和舆情，加强舆论引导，及时回应社会关切。

专项应急指挥部负责处置的突发事件信息发布，由专项应急指挥部负责。任何部门和个人不得编造、传播有关突发事件事态发展或者应急处置工作的虚假信息。

六、后期处理

经事故调查报告批复后，应根据事故调查报告对事故责任人的处理和事故防范措施积极落实，立即进行生产秩序恢复的污染物处理、必要设备设施的抢修、人员情绪的安抚及抢险过程应急能力评估和应急预案的修订工作。善后处理组依据国家有关规定，做好伤亡人员善后赔偿工作。

（一）生产恢复

事故救援、处置完成后，各类人员、物资等尽快恢复到原状态，以恢复正常的生产工作。总指挥宣布应急救援工作结束后，事故部门负责人在安全主任的领导下，进行事故后续的处理，将事故后果的影响降低到最低，尽快组织、恢复生产。

（二）污染物处理

应急结束后，要对现场的污染物进行处理，根据危险化学品的理化特点进行处理，消除危害后果，防治对人的继续伤害和环境的污染。洗消工作由应急行动组负责，洗消用水由后勤支援组负责就近联络、取用。废水集中回收，统一交处理公司处理。在洗消处理时，要根据物质的理化性质和受污染的具体情况，可采取以下方法进行洗消。

（1）化学洗消法：选择合适的洗消试剂。

（2）物理洗消法：用抹布、干砂土等具有吸附能力的物质，吸收转移处理。

（3）人员装备的洗消：抢险、救援结束后，所有进入危险区域人员和装备都必须进行洗消。洗消区应设在事故现场的上风向。

（三）善后赔偿

按照公司有关规定做好伤亡者家属的接待安抚工作，及时办理伤亡者待遇；做好物资补偿等工作，尽快消除事故影响；妥善安置和慰问受害人员及影响人员。善后赔偿包括事故所造成的损失赔偿，人员伤亡按国家相关规定执行，有企业财产损失，由财务本部向保险公司索赔。

（四）应急救援评估与应急预案的修订

1. 预案评估

应急结束后，开展安全事故调查，尽快查明事故起因。应急结束一周内，总结现场应急救援工作的成绩和不足，评估应急能力，完善和修订生产安全事故应急预案的内容。

总指挥和各专业组在应急抢险结束后应进行总结，对应急救援能力做出评估，就事故应急救援过程中暴露出来的问题，及时进行调整、完善，制订改进的措施。

评估的内容有：通过应急抢险过程中发现的问题；对应急抢险物资准备情况的评估；对各专业救援组在抢险过程中的救援能力、协调的评估；对应急指挥部的指挥效果的评估；应急抢险过程中通信保障的评估；对预案有关程序、内容的建议和改进意见；在防护器具、抢救设置等方面的改进意见。

2. 预案修正

(1) 应急预案应当至少每三年修订一次，预案修订情况应有记录并归档。

(2) 有下列情形之一的，应急预案应当及时修订：

① 单位因兼并、重组、转让等导致隶属关系、经营方式、法定代表人发生变化的；

② 单位生产工艺和技术发生变化的；

③ 周围环境发生变化，形成新的重大危险源的；

④ 应急组织指挥体系或者职责已经调整的；

⑤ 依据的法律、法规、规章和标准发生变化的；

⑥ 应急预案演练评估报告要求修订的；

⑦ 应急预案管理部门要求修订的；

⑧ 发生事故后检讨应急预案不全面需要修订的。

(3) 单位应当及时向有关部门或者单位报告应急预案的修订情况，并按照有关应急预案报备程序重新备案。

(五) 事故调查

应急救援终止后，做好安全保卫工作，配合行政管理部门的事故调查组进行事故调查分析，按照“四不放过”的原则进行事故的调查处理。

七、落实安全生产主体责任

（一）安全主体责任内容

1. 安全生产中“两个主体”责任

政府是安全生产的监管主体，行业主管部门直接监管、安全监管部门综合监管、地方政府属地监管，而且是党政同责、一岗双责、齐抓共管；企业则是安全生产的责任主体。安全生产工作必须建立、落实政府行政首长负责制和企业法定代表人负责制。两个主体、两个负责制相辅相成，共同构成安全生产工作基本责任制度。

（1）企业是安全生产的责任主体。

① 企业生产经营的目的是为了创造效益，那么企业在实现其生产利润的同时责无旁贷肩负着安全责任，企业负责人、产业工人在抓好产品生产管理、效益的过程必须同时强调、实现自身安全操作。

②“生产”与“安全”如影相随，看似无形却有形，也就是安全这一关键问题其实贯穿于生产领域的全过程，两者其实是相伴而行的，而落实这些安全管理制度、落实各项防范措施首当其冲、毫无疑问地是由企业去完成。

③ 政府本身没有参与生产经营，从管理层面上说，主要是履行监督管理企业安全生产的职责。

因此，企业是安全生产第一责任，是责任主体。

（2）企业安全生产主体责任的内涵。

企业是生产经营活动的主体，是安全生产工作责任的直接承担主体。企业安全生产主体责任，是指企业依照法律、法规规定，应当履行的安全生产法定职责和义务。企业承担安全生产主体责任是指企业在生产经营活动全过程中必须在以下方面履行义务，承担责任，接受未尽责的追究：

① 依法设立安全生产管理机构；

② 建立健全安全生产责任制和各项管理制度；

③ 持续具备法律、法规、规章、国家标准和行业标准规定的安全生产条件；

④ 确保资金投入满足安全生产条件需要；

⑤ 依法组织从业人员参加安全生产教育和培训；

⑥ 如实告知从业人员作业场所和工作岗位存在的危险、危害因素、防范措施和事故应急措施，教育职工自觉承担安全生产义务；

⑦ 为从业人员提供符合国家标准或行业标准的劳动防护用品，并监督教育从业人员按照规定佩戴使用；

⑧ 对重大危险源实施有效的检测、监控；

⑨ 预防和减少作业场所职业危害；

⑩ 安全设施、设备（包括特种设备）符合安全管理的有关要求，按规定定期检测检验；

⑪ 依法制订生产安全事故应急救援预案，落实操作岗位应急措施；

⑫ 及时发现、治理和消除本单位安全事故隐患；

⑬ 积极采取先进的安全生产技术、设备和工艺，提高安全生产科技保障水平；确保所使用的工艺装备及相关劳动工具符合安全生产要求；

⑭ 保证新建、改建、扩建工程项目（以下简称建设项目）依法实施安全设施“三同时”；

⑮ 统一协调管理承包、承租单位安全生产工作；

⑯ 依法参加工伤社会保险，为从业人员缴纳保险费；

⑰ 按要求上报生产安全事故，做好事故抢险救援，妥善处理对事故伤亡人员依法赔偿等事故善后工作；

⑱ 法律、法规规定的其他安全生产责任。

2. 企业安全生产主体责任的内容

（1）物质保障责任：包括具备安全生产条件；依法履行建设项目安全设施“三同时”的规定；依法为从业人员提供劳动防护用品，并监督、教育其正确佩戴和使用。

（2）资金投入责任：包括按规定提取和使用安全生产费用，确保资金投入满足安全生产条件需要；按规定存储安全生产风险抵押金；依法为从业人员缴纳工伤保险费；保证安全生产教育培训的资金。

（3）机构设置和人员配备责任：包括依法设置安全生产管理机构，配备安全生产管理人员；按规定委托和聘用注册安全工程师或者注册安全助理工程师为其提供安全管理服务。

（4）规章制度制订责任：包括建立健全安全生产责任制和各项规章制度、操作规程。

（5）教育培训责任：包括依法组织从业人员参加安全生产教育培训，取得相关上岗资格证书。

（6）安全管理责任：包括依法加强安全生产管理；定期组织开展安全检查；依法取得安全生产许可；依法对重大危险源实施监控；及时消除事故隐患；开展安全生产宣传教育；统一协调管理承包、承租单位的安全生产工作。

（7）事故报告和应急救援的责任。包括按规定报告生产安全事故；及时开展事故抢险救援；妥善处理事故善后工作。

（8）法律、法规、规章规定的其他安全生产责任。

3. 强化企业安全生产主体责任的意义

企业是社会经济活动中的建设者又是受益者，是安全生产中不容置疑的责任主体，在社会生产中负有不可推卸的社会责任。企业必须认识到安全生产是坚持科学发展观的内在要求，也是企业生存与发展的必然选择。增强安全生产主体责任，实现安全生产，是企业追求利益最大化的最终目的，是实现物质利益和社会效益的最佳结合。

（二）主体责任清单

1. 严格落实第一责任人责任

（1）压紧压实企业法定代表人和实际控制人的第一责任。

企业董事长、总经理等法定代表人和实际控制人是安全生产第一责任人，对本单位的安全生产工作全面负责，应亲自推动安全生产制度的建立，经常深入一线检查安全生产工作，监督安全生产制度落实，研究解决安全生产突出问题。每年至少向职工大会或者职工代表大会、股东会或者股东大会报告一次安全生产情况，接受职工、股东监督。加强对下属独立法人单位的监督检查，督促其落实安全生产责任。

（2）坚持依法生产经营。

企业必须牢固树立法治观念，从事生产经营活动应依法取得安全生产相关证照和许可，符合法律法规、国家和地方标准或者行业标准规定的安全生产条件，及时主动获取并严格执行与安全生产相关的法律法规标准，依法健全完善安全生产规章规程和安全防范措施，严禁使用国家和省明令淘汰的危及生产安全的设备及工艺，及时淘汰更新陈旧落后的设备及工艺。

（3）加强安全管理机构和人员配备。

企业应依法依规设置安全生产管理机构或者配备专（兼）职安全生产管理人员，企业主要负责人、分管安全生产负责人、安全总监、安全生产管理人员，应具备与本单位所从事的生产经营活动相适应的安全生产知识和管理能力。本企业应设置安全生产管理机构、配备专职安全生产管理人员。

（4）加大安全生产经费投入。

企业应将安全生产投入纳入年度生产经营计划和财务预算，足额提取并按规定使用安全生产费用，保障安全生产设备设施、风险辨识管控、隐患排查整治、设备维修保养、安全教育培训、劳动防护用品配备、保险、应急演练、事故救援等安全生产支出。

（5）开展安全生产标准化建设。

企业应按照法律法规和国家标准、行业标准，健全安全生产标准化工作体系和运行机制，积极开展以岗位达标、专业达标和标准化创建等为内容的安全生产标准化建设，建立完善本单位安全生产例会、例检、隐患排查治理等各项安全生产制度和操作规程，落实强制性安全生产标准规范，确保各生产环节和相关岗位工作符合法律、法规、标准、规程要求，实现安全行为规范化。

2. 严格落实全员岗位责任

（1）建立健全全员安全生产责任制。

企业应根据工作岗位的性质、特点和内容，明确各岗位的责任人员、责任范围、责任清单，制订从企业主要负责人到一线从业人员的安全生产职责，细化通俗易懂、便于操作的生产车间、班组、一线从业人员安全生产责任，实现企业安全生产责任全员全岗位全覆盖、安全生产责任全过程追溯。加强企业安全文化建设，将安全文化阵地向一线班组和工作现场延伸，强化员工安全生产意识。

（2）开展安全生产教育培训。

企业应严格按照国家安全培训规定要求，采取“送出去学、请进来教”等形式，加强对从业人员的安全生产理论教学与实践技能培训，并记入教育培训考核档案。应抓好在岗员工安全技能提升培训、新上岗员工安全技能培训、班组长安全技能提升培训等。通过经常性的教育培训，使企业负责人和安全生产管理人员具备与岗位相适应的安全生产知识和管理能力，使特种作业人员具备特种岗位作业的专业技能，使班组长（工段长）、车间主任具备一线岗位安全管理的知识和能力，使一线从业人员具备本岗位安全生产和应急处置的基本知识和安全操作技能。未经安全生产教育培训合格的从业人员，不得上岗作业。特种作业人员必须按照国家有关规定经专门的安全作业培训并取得相应资格，方可上岗作业。

（3）严格责任制考核奖惩。

企业应每年组织全员安全生产责任制落实情况考核，考核结果与员工收入、晋级等挂钩，激发全员参与安全生产的积极性和主动性，推动全员安全生产责任制落实。

3. *严格落实安全防控责任*

（1）加强安全风险辨识管控。

企业应严格落实安全风险分级管控和主动报告制度，定期排查、全面辨识、动态更新、严格管控生产工艺、设施设备、作业环境、人员行为和管理体系等方面存在的安全风险，并依据事故发生概率和可能后果，按照有关标准评估确定风险等级，针对不同等级的安全风险制订相应安全管控措施，逐一明确具体的责任部门、责任人，确保风险可控。

（2）加强事故隐患排查治理。

企业应牢固树立“隐患无处不在、成绩每天归零”的意识，视隐患为事故，建立全员参与、全岗位覆盖、全过程衔接的隐患排查机制和清单管理、动态更新、闭环整改的动态调整机制，持续组织开展事故隐患排查治理；对动态排查出来以及政府主管部门通知整改的安全隐患，应逐条落实整改措施、责任、资金、时限和事故应急预案。完善举报奖励制度，发动并激励员工主动排查、发现举报事故隐患。应按照国家有关安全规范，定期组织专家或委托有资质的第三方安全技术服务机构开展安全检测和隐患排查治理。

（3）加强各类危险源安全管理。

企业应对重大危险源进行登记和建档，采用先进技术手段对重大危险源实施现场动态监控，定期检测评估，制订应急预案，完善控制措施，按照有关规定建立健全安全监测监控系统并与负有安全生产监督管理职责的部门进行联网。对具有较大或以上危险因素的生产经营场所和有关设施设备，应建立运行、巡检、维修、保养的专项安全管理制度，安排专人负责管理，并设置明显的安全警示标志和事故应急处置卡，配备消防、防雷、通信、照明等应急器材和设施，根据生产经营设施的承载负荷或者生产经营场所核定的人数控制人员进入。定期组织对安全设施设备进行体检式安全评估，确保始终处于安全可靠状态。

（4）加强危险作业安全管理。

企业应加强对爆破、吊装、动火、进入受限空间、登高、设备大修、危险装置设备试生产、建筑物或者构筑物拆除、油罐清洗、临时用电、涂装、危险品装卸，以及涉及重大危险源、油气管道、临近高压输电线路等危险作业的安全管理，制订专项安全管理制度措施，安排专门人员进行现场安全管理，监督危险作业人员严格按照操作规程进行操作，及时采取措施排除事故隐患、纠正违规行为。现场管理人员不得擅离职守。

4. 严格落实基础管理责任

（1）认真执行安全生产“三同时”制度。

企业新建、改建、扩建工程项目的安全设施投资，应纳入项目建设概算，安全设施与建设项目主体工程应同时设计、同时施工、同时投入生产和使用。高危行业领域建设项目应依法进行安全评价，安全设施未经设计审查合格不得施工建设，未经验收合格不得投入生产和使用。部分早期建设运行、未进行安全设计审核和验收的企业，应请原设计单位或有资质的第三方安全技术服务机构进行安全评估和设计，并按要求进行补充建设，经验收合格后再投入使用。

（2）加强职工安全防护管理。

企业应按规定开展从业人员身体健康检查，定期为从业人员无偿提供和更新符合国家标准或者行业标准的劳动防护用品，督促、教育从业人员正确佩戴、使用，并如实记录购买和发放劳动防护用品情况。劳动防护用品不得以货币或者其他物品替代。企业工会应加强监督检查，贯彻实施工会劳动保护“三个条例”，建立专兼职结合的工会劳动保护队伍。

（3）加强外包等业务安全管理。

企业委托其他具有专业资质的单位进行危险作业的，应在作业前与受托方签订安全生产管理协议，告知其作业现场存在的危险因素和防范措施，明确各自的安全生产职责。企业将生产经营项目、场所、设备发包或出租的，应与承包、承租单位签订专门的安全生产管理协议，或在承包合同、租赁合同中约定有关的安全生产管理事项。

（4）加强复工复产安全管理。

企业复工复产前，应严格按照国家及行业有关标准和规定，制订复工复产方案，组织对生产系统特别是管道、阀门、仪表等机械设备，通风除尘、污水处理等处理设施，应急报警、放射防护、防雷防爆装置等保护设施进行全面检查，确保安全方可复工使用。

（5）提升智能制造水平。

企业应积极运用智能化、信息化手段加强安全生产，推广应用先进适用的新技术、新工艺、新装备和新材料，建立安全生产监控系统并接入政府监管部门信息管理平台。加快实施机械化换人、自动化减人，实现精细化生产、标准化管理，从源头提高企业安全生产水平。化工生产企业应建成集重大危险源监控信息、可燃有毒气体检测报警信息、企业安全风险分区信息、生产人员在岗在位信息以及企业生产全流程管理信息等于一体的信息管理系统，实现风险隐患“一表清、一网控、一体防”。

5. 严格落实应急处置责任

（1）强化应急救援能力建设。

企业应针对本单位可能发生的生产安全事故特点及危害，制订相应的应急救援预案。建立专职或兼职人员组成的应急救援队伍，不具备单独建立专业应急救援队伍的企业，应与邻近建有专业救援队伍的企业签订救援协议，或者联合建立专业应急救援队伍，配备与本企业风险等级相适应的应急救援器材、设备和装备等物资，定期组织应急救援实战演练和人员避险自救训练，使各级各类人员熟悉应急救援预案，熟记岗位职责和应急处置要点，熟练操作应急救援器材和设备、装备，提高现场应急救援能力。

（2）严格事故报告和应急处置。

企业应严格遵守事故报告有关规定，按照报告时限、内容、方式、对象等要求，及时、完整、客观地向有关部门报告事故，不得瞒报、漏报、谎报、迟报。企业法定代表人和实际控制人应按规定第一时间到达事故现场，立即启动事故应急救援预案，积极采取有效措施组织抢救，防止事故扩大。

（3）强化举一反三整改落实。

企业应主动配合有关部门对责任事故的调查处理，妥善做好事故善后工作，深刻吸取事故教训，按照事故调查报告全面落实整改措施，并接受监督检查。重视加强对轻微事故、未遂事故的调查处理及原因分析，研究落实预防改进措施，防范人员伤亡和有较大财产损失的事故发生。建立事故信息共享机制，针对同行业、本地区发生的典型事故，及时组织学习反思、警示教育和自查自纠，有效预防类似事故发生。

（三）主体责任履职清单要点

1. 生产经营单位主体责任清单要点

（1）制度、机构、人员配备：

① 生产经营单位是安全生产的责任主体，对本单位的安全生产承担主体责任；

② 依法建立安全生产管理机构，配备专兼职安全生产管理人员，按照规定设置安全总监，并落实相关职责；

③ 建立健全安全生产责任制度，实行全员安全生产责任制，明确主要负责人、分管负责人、其他负责人、部门负责人、项目负责人、班组负责人、一般从业人员等全体从业人员的安全生产责任；

④ 建立健全安全生产各项规章制度和安全操作规程。

（2）保障安全生产投入：

① 将安全生产资金纳入年度生产经营计划和财务预算，保障安全生产资金投入；

② 按照有关规定参加安全生产责任保险；

③ 建设项目安全设施必须“三同时”，安全设施投资应当纳入建设项目概算；

④ 积极开展安全生产标准化达标创建、提档升级和构建双重预防机制建设。

（3）安全生产教育和培训：

① 主要负责人、分管负责人、安全总监、安全生产管理人员，应当具备与本单位所从事的生产经营活动相应的安全生产知识和管理能力；

② 按规定组织安全生产教育和培训，各类人员参加安全生产教育和培训时间符合规定学时。根据不同工种岗位，每年至少组织一次全员安全生产教育和培训；

③ 建立安全生产教育培训档案，如实记录从业人员参加安全生产教育和培训的时间、内容和考核结果的情况；

④ 特种作业人员应当取得特种作业操作资格证书。

（4）风险分级管控和隐患排查治理：

① 定期开展安全风险危害辨识，评估风险等级，明确管控措施、责任部门、责任人；

② 建立隐患排查治理制度，定期开展事故隐患排查，如实记录并向从业人员通报，及时进行整改，及时向有关部门报告重大事故隐患；

③ 与周边生产经营单位、住宅小区等单位建立安全生产监督咨询机制；

④ 对重大危险源进行登记建档，定期检测、评估，完善控制措施，建立健全安全监测监控系统并与有关部门联网。

（5）设备设施和作业安全管理：

① 对作业环境进行科学、合理的规划，实行生产现场定置管理，生产区域、生活区域、储存区域之间的安全距离以及周边防护安全距离，应当符合国家标准或者行业标准；

② 安排专人负责管理具有较大危险因素的设施、设备，对设施、设备进行检测与监测，定期检查维护并做好记录；

③ 加强对从业人员作业行为的安全管理，指导、监督从业人员遵守安全生产和职业卫生规章制度、操作规程；

④ 在具有较大危险因素的场所、设施、设备上，设置明显的安全警示标志和事故应急处置卡，配备应急器材和设施，控制人员进入；

⑤ 生产经营场所和员工宿舍应当设置符合紧急疏散要求，标志明显、保持畅通的出口，禁止闭锁、封堵生产经营场所或者员工宿舍的出口；

⑥ 加强爆破、悬挂、挖掘、大型设备（构件）吊装、危险装置设备试生产、危险场所动火、建筑物和构筑物拆除以及重大危险源、油气管道、有限空间、有毒有害、临近高压输电线路等作业安全管理，制订作业方案，按权限履行审批手续，确定专人进行现场指挥；

⑦ 两个以上生产经营单位在同一区域内进行生产经营活动，应当签订安全生产管理协议，明确各自职责和应当采取的措施，并指定专职安全管理人员进行安全检查与协调，发现问题的，应当及时督促整改；

⑧ 生产经营单位不得将生产经营项目、场所、设备发包或出租给不具备安全生产条件的单位或个人；

⑨ 生产经营单位将生产经营项目、场所、设备发包或者出租给其他单位的，应当签订专门的安全生产管理协议，或者在承包合同、租赁合同中明确各自安全生产管理职责，并对承包单位、承租单位的安全生产统一协调、管理；

⑩ 生产经营单位应当加强委外作业的安全管理，履行发包单位主体责任，加强对外包项目的日常安全管理，建立健全安全检查、反“三违”、隐患排查治理等制度。

（6）应急救援和事故报告：

① 编制生产安全事故综合应急预案、专项应急预案或者现场处置方案、应急处置卡，每年至少组织一次综合应急预案演练或者专项应急预案演练，每半年至少组织一次现场处置方案演练；

② 根据规定建立应急救援专（兼）职救援队伍，或者与邻近专职救援队伍签订救援协议，配备应急救援器材、设备和物资；

③ 发生生产安全事故，立即启动应急预案，按照规定向有关部门报告，并联系医疗机构，先行垫付医疗费用。可能对周边单位和人员造成损害的，通知相关单位及时疏散；

④ 配合政府部门开展事故调查处理，及时全面落实事故调查报告提出的整改措施。

（7）危险化学品安全管理：

① 严格对照《危险化学品目录》，开展原料、辅料、产品、中间品等是否为危险化学品的认定；

② 使用危险化学品的单位，其使用条件（包括工艺）应当符合法律、行政法规和国家标准、行业标准的要求，依法开展安全评价；

③ 使用危险化学品的单位，应当根据所使用的危险化学品的种类、危险特性以及使用量和使用方式，建立、健全使用危险化学品的安全管理规章制度和安全操作规程，保证危险化学品的安全使用。

2. 生产经营单位主要负责人履职清单要点

（1）建立健全本单位安全生产责任制，并分解到各部门、各岗位，明确责任人员、责任内容和考核奖罚标准。

（2）组织制订本单位安全生产规章制度和操作规程，并保证其有效实施。

（3）组织制订并实施本单位安全生产教育和培训计划，并保证计划的落实。

（4）保证本单位安全生产投入的有效实施。

（5）督促、检查本单位的安全生产工作，及时消除生产安全事故隐患，应当经常性地进行督促、检查，对检查发现的问题及时解决，及时排除。

（6）组织制订并实施本单位的生产安全事故应急救援预案。

（7）及时、如实报告生产安全事故，不得隐瞒不报、谎报或者迟报。

（8）每季度至少组织一次安全生产全面检查，研究分析安全生产存在的问题，督促各有关部门落实整改，及时消除生产安全事故隐患。

（9）每季度至少组织并参与一次事故应急救援演练。

（10）发生事故时迅速组织抢救，并及时、如实向负有安全生产监督管理职责的部门报告事故情况，做好善后处理工作，配合调查处理。

3. 生产经营单位分管负责人（安全总监）履职清单要点

（1）负责企业安全生产综合监督管理，监督检查各职能部门落实安全生产责任。负责综合协调本单位的安全生产工作。

（2）制订本单位安全生产各项规章制度、操作规程及工作规划和年度计划，并组织实施及落实到位。

（3）负责本单位隐患排查和整改治理工作，每月至少组织一次安全生产全面检查，研究分析安全生产存在的问题，督促各有关部门落实整改，及时消除生产安全事故隐患。

（4）组织构建安全风险管控和隐患排查治理双重预防体系建设，推广先进适用安全技术装备，更新淘汰落后生产工艺技术装备。

（5）组织开展安全生产标准化建设和岗位精细化管理。

（6）组织实施新、改、扩建设项目履行安全设施“三同时”。

（7）负责企业动火作业等高危特殊作业项目审批。

（8）负责对违章指挥、违章作业、违反劳动纪律行为的处罚和责任追究。

（9）组织至少每年一次对安全生产法律法规、标准规范、规章制度、操作规程的执行情况进行评估。

（10）参与本单位事故的应急救援和调查处理。

4. 安全生产管理机构履职清单要点

（1）组织或者参与拟订本单位安全生产规章制度、操作规程和生产安全事故应急救援预案，以确保相关制度、规程、预案符合本单位安全生产的实际。

（2）组织或者参与本单位安全生产教育和培训，如实记录安全生产教育和培训情况，以保证教育和培训计划符合本单位的实际，及时掌握教育和培训计划的实施进展状况。

（3）督促落实本单位重大危险源的安全管理措施，有利于安全生产管理人员在现场检查中发现重大危险源是否按照有关规定进行管理，未按规定督促相关部门及时整改。

（4）组织或者参与本单位应急救援演练。

（5）检查本单位的安全生产状况，及时排查生产安全事故隐患，提出改进安全生产管理的建议。

（6）制止和纠正违章指挥、强令冒险作业、违反操作规程的行为。

（7）督促落实本单位安全生产整改措施。

（8）组织安全生产日常检查、岗位检查和专业性检查，并每月至少组织一次安全生产全面检查。

（9）督促各部门、各岗位履行安全生产职责，并进行职责考核、提出奖惩意见。

（10）参与所在单位事故的应急救援和调查处理。

5. 班组负责人履职清单要点

（1）班组长是班组安全生产第一责任人，对本班组的安全生产全面负责，是安全生产法律法规和规章制度的直接执行者。

（2）组织员工学习，贯彻执行安全生产法律法规、规章制度；落实岗位操作人员的安全生产责任，严格安全技术操作规程；督促员工熟练掌握岗位安全生产应急救援处置内容。

（3）组织班组进行安全生产教育和安全活动。负责新员工（含劳务派遣人员、实习生等）及转岗员工班组的安全教育培训。

（4）严格执行动火、检维修、有限空间、临时用电等作业的安全管理规定，不违章作业，确保作业安全。

（5）每天开展安全生产检查，及时发现隐患，并采取有效措施消除隐患，不违章指挥，及时制止违章操作、违反劳动纪律的行为。

6. 岗位员工主要职责要点

（1）认真学习和遵守各项安全生产管理制度、操作规程及安全技术工程，履行本岗位安全生产职责，对本岗位的安全生产负直接责任。

（2）认真学习并严格执行动火、检维修、有限空间、临时用电等作业的安全管理规定，不违章作业，确保作业安全。

（3）正确分析、判断和处理各种异常状态，及时发现和识别不安全因素和隐患，并及时整改，对不能立即进行整改的隐患有上报的义务。

（4）积极参加各种安全活动、岗位技术练兵和事故预案演练，清楚应急状态下本岗位和自身职责，在发生事故时，能按照事故预案正确处理。

（5）有权拒绝违章作业的指令，对他人的违章作业要加以劝阻和制止。

（四）安全培训

安全培训的本质是解决差距，解决岗位安全要求与员工自身能力的差距，实现“人岗匹配”。通过培训的形式，让员工“找差距、对标准”，把已知的安全知识转化为安全智慧。

一个成功的安全培训一定是设计出来的。那么，设计一个成功的安全培训，包括以下内容。

1. 要剖析参训员工的需求

任何培训都是为了“用”，培训既要满足企业的需求，又要满足员工的需求，培训中用形象化的方式还原参训员工的岗位任务场景，才能让员工有身临其境的感觉，快速领悟到培训的知识点，入心入脑。

2. 要深挖参训员工的痛点

只有把学习目的和员工心理诉求结合起来，才能唤起员工学习欲望，员工才有参与感，才能产生共鸣。痛点既要是员工的痛点，更要是企业的痛点，这两者是不矛盾的，无非是视角和深度的问题。

3. 找到解决痛点的最佳方式

企业很多安全管理问题，不是靠培训就能解决的；培训能解决的，面授不一定是最好的方法。不要一提培训就是上课，要跳出传统培训思维，找到解决痛点的最佳方法，选择最适合的培训形式。

4. 萃取企业标杆员工的安全经验

企业最大的财富是企业标杆员工的安全经验，采取岗位经验萃取技术，把他们的经验变成企业的“内部知识”，汇总整理，对标传承。

5. 让员工在课堂上完成任务

学习的主体是员工，学以致用的主体也是员工，在讲师的引领下，学员自己来完成学习，甚至把部分培训授权给学员来完成，培训效果将立竿见影。

6. 参训员工通过培训能收获什么

成功的培训设计既要关注过程，更要关注产出。培训和日常的管理是一样的道理，目标是什么，实现目标的路径是什么，可能出现的变量又是什么等。

7. 学习的效果如何度量

首先要有员工自己的收获，自己是否有收获，是否回去就能用，是否用了就有效，是否能持续使用；其次要有员工上级的收获，对员工学习收获的态度，是浪费时间，还是有一点效果，还是很有帮助；最后还有企业的收获，把学员作为一个群体，是否可以缩小岗位目标和胜任能力的差距。

企业要把安全培训当成一种安全管理的工作方法，认真设计好每一次安全培训，不设计不培训。即使委托机构来做，也要和机构一起来完成安全培训的设计。因为，企业是安全生产的责任主体，即使企业委托机构提供了安全生产技术和管理服务，保证安全生产的责任仍由企业自身承担。也就是说，企业安全培训工作可以委托，但“培训到位”的责任是无法推脱的。

八、保障措施

（一）通信与信息保障

公司要确保参与应急的人员在任何时候通信联络均能处于通畅状态；以预防突发事故时及时与外界及各类人员取得联系；建立与安全事故相关的政府部门、医疗机构、安监部门、生态环境部门等通信联系录。

（1）应急工作相关联的单位、人员通信联系方式见表3-1。

表3-1　应急人员通信录

应急职务	姓名	单位职务	电话
应急指挥小组组长	×××	董事长兼总经理	×××××××××××
应急指挥小组副组长	×××	总工办安全总监	×××××××××××
现场联络员	×××	安全部经理	×××××××××××
现场物资保障员	×××	物资设备部经理	×××××××××××
抢险队员	各项目部经理、 专职安全员及抢险队员	×××	×××××××××××
……			

（2）各应急小组成员联系方式见表3-2。

表3-2　应急人员通讯录

序号	单位	电话
1	×××××××××××××××	×××××××××××
2	××××××××	×××××××××××
3	公安	110
4	消防	119
5	交通事故	122
6	急救	120

（3）信息通信系统及维护方案。

后勤保障组负责定期维护上述联系方式，遇到有电话变更，及时更新，确保联络通畅。

信息管理部应制订应急通信保障方案，指导、协调相关部门配备应急通信保障设备、设施并进行经常性维护，确保应急通信畅通。发生突发公共事件时，迅速开通应急通信联络。

（二）现场救援与工程抢险装备保障

公司应急办负责储备与本专项应急工作需要相适应的现场救援和工程抢险装备，特殊设备和昂贵设备资源尽量与省、市共享。建立相应的信息数据库，明确其类型、数量、性能特点和存放位置，制订信息数据库的管理、数据更新和报告制度。

公司应急办制订现场救援和工程抢险装备的维护、保养制度，并根据装备的性能特点、定期更新和监督检查。

公司应急办制订现场救援和工程抢险装备的调用程序和制度，建立现场救援和工程抢险装备及时到位和正常使用的责任制度。

公司应急办要明确现场救援和工程抢险装备维修人员队伍，保障突发公共事件现场救援和抢险装备的正常使用，保障抢险效率。

（三）应急队伍保障

公司所有人员均为应急救援工作的后备人员，并建立兼职应急队伍，各部门负责人为本部门应急救援工作人员组织的主要召集人，人人参与、人人关注救援工作。

各类专业抢险队按照公司应急委统一部署，由专项应急工作牵头部门为主组建，逐步建立统一的处置各类突发公共事件的专业救援队伍，主要包括医院组建医疗救护队伍，公用事业部组建基础设施抢修队伍，信息管理组建通信保障队伍，保卫部组建消防、保安防暴队伍，生产部组建运输保障队伍。

进一步优化、强化以专业队伍为主体，社会团体、群众性志愿者队伍为辅助的应急抢险救援队伍网络。

发生突发公共事件后，必要时由公司应急委向市应急委报告协调武警部队、民兵预备役部队参与和支援抢险救援工作。

（四）治安保障

保卫部负责应急处置工作中的治安保障工作。突发公共事件发生后，由保卫部牵头、事故发生单位协助，在现场周围设立警戒区和警戒哨，维护秩序，及时疏散群众。要积极发动和组织群众，开展群防群治，协助公安部门实施治安保卫工作，必要时可协调其他队伍协助警戒。

突发公共事件发生后，应加强对重点地区、重点场所、重点人群、重要物资设备的防范保护。加强治安管理，必要时实行夜间巡逻，严惩趁“乱”制造事端和扰乱治安秩序的违法犯罪行为。

（五）应急物资装备保障

公司行政部为公司救援物资的保障部门，根据公司风险分析类别主要救援物资包含：车辆、消防器材、救生衣、救生圈、医疗应急包、专用值班电话等。

公司应急委制订基本应急物资储备计划，保障基本应急物资和粮食等主要生活资料有充足的储备。有关部门要根据公司应急委制订的计划，落实有关储备物资并加强管理，及时补充和更新储备物资。

（六）应急经费保障

公司每年进行安全生产费用提取，确保安全用品及应急救援物资费用随时取用和支付。

突发公共事件处置工作和物资储备所需的资金，由公司应急委制订计划，设立突发公共事件应急工作专项资金，财务部列入预算予以保障。

（七）社会动员保障

按照突发公共事件是否需要人民群众参与及需参与的程度，相应确定动员的对象和范围。对需人民群众广泛参与或只有群众参与才能确保应对有效实施的，应深入发动群众，充分重视和利用好民力，是否进行动员及动员对象、范围，由公司应急委决定。

（八）紧急避难场所保障

公司应急委应建立所辖区域内的紧急避难场所和可成为紧急避难场所的（如广场、公园、体育馆）信息库，掌握其地点、功能、可容纳人数、目前使用状况等。特别安排部分紧急避难场所兼具指挥场所功能。

有关职能部门在进行公司整体规划和公用设施建设时应主动征求公司应急委的意见，充分考虑因突发公共事件安置人员的需要，使人防设施、部分公园、广场、体育场馆等具有接纳紧急避难人员的功能。

公司应急委应指导有关职能部门规划、建设突发公共事件紧急指挥场所，并配备相应的通信设施、办公设施和生活设施。

（九）技术储备保障

要积极组织有关专家和科研力量，在对国内外突发公共事件紧急处置的先进管理模式进行比较分析研究的基础上，对建立本公司综合减灾、紧急处置管理模式和运作机制进行探讨研究，加强先进救援技术、装备研究，当前尤其要加强信息传输和高层建筑火灾、化学事故、环境灾害等救援技术、装备的研制和开发，以及新型传染病的预防、控制、治疗技术的研究。

（十）法制保障

加强立法，规范应急工作。要加紧制订地方法规、规章，规范应急处置工作；对现行地方性法规、政府规章中不适应综合应对、紧急处置突发公共事件的有关内容，应及时修改。

加强执法，预防事故发生。有关部门要认真贯彻执行预防突发公共事件发生的法律、法规，加强检查督促，发现隐患及时整改，发现违法行为严肃查处。进一步完善执法责任制和责任追究制，对执法违法、失职渎职、徇私舞弊的，坚决依法追究法律责任。

要严厉打击在突发公共事件中趁“乱”制造事端、扰乱治安秩序的行为；严厉打击制造、传播虚假信息、扰乱民心的行为，为紧急处置工作创造一个良好的环境。

要充分行使好法律、法规赋予的应急中的紧急处置权，依法规范公民、法人或其他组织在突发公共事件中的行为，确保紧急处置工作顺利进行。

（十一）医疗卫生保障

公司成立突发公共卫生事件应急指挥部，董事长担任公司突发公共卫生事件应急指挥部总指挥，总经理担任常务副总指挥，负责对重大突发公共卫生事件的统一领导、统一指挥，做出处理突发公共卫生事件的重大决策。

指挥部成员单位主要有：安全监察处、生产技术处、人力资源处、综合办公室、机电管理处、通防处、地测防治水处、培训处。

公司设立公共卫生应急处理办公室，负责全公司突发公共卫生事件应急处理的日常管理工作。其主要职能包括：依法组织协调有关突发公共卫生事件的应急处理工作；负责组织制订有关突发公共卫生事件应急处理的政策措施、规章制度和相关文件；组织与完善公共卫生事件监测和预警系统；制订突发公共卫生事件应急预案，组织预案演练；组织对公共卫生和医疗救助专业人员进行有关突发公共卫生事件应急知识和处理技术的培训；承办救灾、反恐、中毒、放射事故等重大安全事件中涉及公共卫生问题的组织协调工作。

（1）监测。

按照国家规定，建立全公司统一的突发公共卫生事件监测、预警与报告网络体系，对各类突发公共卫生事件监测工作的管理和监督，保证监测质量。

（2）预警。

公司疾病预防控制机构负责做好所属低传染病等的监测分析，及时向所在地卫生部门做出预警报告。

（3）报告。

突发公共卫生事件报告分为首次报告、进程报告和结案报告，要根据事件的严重程度、事态发展和控制情况及时报告事件进程。

首次报告未经调查确认的突发公共卫生事件或存在隐患的相关信息，应说明信息来源、危害范围、事件性质的初步判定和拟采取的主要措施。经调查确认的突发公共卫生事件报告应包括事件性质、波及范围、危害程度、流行病学分布、事态评估、控制措施等内容。报告的具体要求按照卫生部有关规定执行。

组织协调突发公共卫生事件应急指挥部成员单位及有关部门参与突发公共卫生事件的处理。

根据突发公共卫生事件处理需要，调集本企业区域内人员、物资、交通工具和相关设施、设备参加应急处理工作。

发生重大食物中毒和职业中毒事故时，根据污染食品扩散和职业危害因素波及的范围，划定控制区域。发生重大传染病暴发流行时，根据《中华人民共和国传染病防治法》的规定，宣布疫区范围，对疫区实施封锁、封闭被传染病病原体污染的公共饮用水源等强制控制紧急措施。

公司结合市卫生部门按照“平战结合、因地制宜，分类管理、分级负责，统一管理、协调运转”的原则建立突发公共卫生事件应急救治队伍。

（十二）人力资源保障

人力资源应急预案是对于岗位人员出现短缺、资质不足、编制过剩、岗位不合理等突发情况时的事前预防、事发应对、事中处置和善后恢复过程中，通过建立必要的应对机制，采取一系列措施，应用激励机制、员工关系等管理手段及其他必要的辅助手法，保障人员合理、及时配置，从而提高工作效率，达到企业运行发展的需要。

建立人才需求系统。通过建立职位分析系统，对现有人员的盘点，分析人员的素质与数量是否与业务量相匹配，人才供给的内部开发及外部聘用比例。

建立人员数据库，分析现有员工的技能，根据员工的实际情况、工作能力建立公司人员储备表，具体包括以前的经历、培训背景、技能证书、职业兴趣、主管的评价等内容以此反映员工的竞争力，通过储备表可以判断哪些员工会被提升或调配。这样可以保证空缺的岗位有相应数量的员工来填补，而且有合适的人来填补。

建立人员晋升方案，对各岗位的工作范围、每个关键职位的可能接替人选、接替人选目前绩效、提升潜力以及需要培训的内容，来决定公司重要职位空缺的人选。优先提拔培养内部人员，使人才有发展的平台。

与大、中院校建立“订单”式人才培养方式。每年从优秀院校中的二年级进行选拔，第三年的课程加入公司企业文化、流程、技能学习，同时到公司进行现场实习，实习期间进行评估，选拔优秀人员作为储备干部。

建立培训开发系统，进行岗前培训、在职培训、工作技能培训、岗位调配、工作丰富化培训，使人员胜任现在及未来的工作要求；同时，建立人员晋升通道，使员工看到努力的方向，提升其工作价值。通过绩效评估，可以提早发现优秀人才和不合格人员，从而可以确定合理的人员安排，对优秀人才选拔晋升，对绩效欠佳者及早培训，对不合格员工调岗或辞退。对于重要岗位的管理层员工及重要生产操作的员工会依据岗位要求不定期进行外部培训，拓展多口径的学习机会，加强岗位技能和员工的协作关系。

建立轮岗轮训机制，培养多面手，多功能的复合型人才，作业员之间各工序轮岗，管理人员基层轮岗学习等方式，特别是关键岗位的人员培养，确保关键岗位的人才储备是其编制的一倍，为人员的流失，特别是关键岗位员工的流动提供后备力量，同时，给予员工多方面技能学习帮助员工自身成长。

建立人员资质考核标准，对于一些在本岗位工作能力达不到的员工，可以依据公司目前的岗位需要和个人都按实际胜任能力进行调岗、进修，如果实在不能胜任本职位或者其他岗位，没有通过考核的员工，可以依据公司的相关规定进行辞退。

建立人才预警系统，对流动性较大的关键岗位及早做好补充计划；针对关键岗位要进行业务分解；同时要建立后备人员，以避免人员流失尤其是关键人员的流失。根据职务分析，确定岗位需求的人数，并把未来的人才流入、晋升、辞职等流动率情况用图表显示出来，然后确定合适的人员补充。

（十三）其他保障

（1）公司设立应急救援领导小组，领导小组办公室设在公司安全部。

（2）应急领导小组日常备用一辆应急交通运输车辆，备用车辆只承担距离公司较近的运输任务，司机手机电话 24 小时开机，一旦应急事故发生，通知司机速回。

（3）安全保卫人员应常备用于应急突发事故的警戒带，一旦发生突发事故，在事故现场治安警戒使用。

（4）公司卫生所应当常备医疗急救用品。

（5）安全负责人应每周对施工现场的消防器材和应急用锹、镐、撬棍等进行检查、保养、维护。定期更换灭火器，日常维护消防设备设施的有效使用，清除消防器材前及安全通道的遮挡物，保持消防器材应急使用及安全通道畅通。

（6）应急组织机构的全体成员，应树立“接到报警就是命令”的观点，树立“以人为本”的思想，勇敢、科学、冷静应对事故，不能盲目、蛮干。遇到有毒有害物质或有其他潜在危险时，必须有防范措施或请专业队伍进行抢险工作。

（7）在组织机构内，当正职休假、开会等外出时，副职必须承担起正职应当承担的责任。

九、培训与演练

（一）宣传和培训

各部门经常组织开展面向社会的应急法律、法规和专业知识宣传教育活动，普及应急预防、避险、自救、互救、减灾等知识，针对不同人群编制培训教材，并对所属部门宣教培训工作加强指导监督。各级应建立健全突发事件应急管理培训制度，将应急管理培训纳入员工培训内容，针对不同对象确定教育内容、考核标准，定期开展培训，不断提高应对突发事件的决策和处置能力。指导各部门开展形式多样的自救互救、应急疏散等宣教培训活动，全面提高公众预防和应对突发事件能力。

（1）年初制订生产计划时，同时制订应急预案培训计划。

（2）培训方式包括：应急救援知识辅导、有奖知识问答、救援设备现场操作、自救常识演练等。

（3）要求每名职工有自我保护意识，掌握突发事故后各类自救常识，会正确使用灭火器等一般应急器材。

（4）公司将应急管理培训工作纳入年度培训计划，有计划、有针对性地对应急救援人员和管理人员进行培训，提高其专业技能，使员工100%经过心肺复苏法培训，100%经过消防器材使用的培训。

（5）应急管理培训的主要内容应该包括：本单位的应急预案体系构成，应急组织机构及职责、应急程序、应急资源保障情况和针对不同类型突发事件的预防和处置措施等。

（6）如果预案涉及到社区和居民，应做好宣传教育和告知等工作。

（7）培训相应的安全技术知识。具有企业安全管理、机械安全、电气安全、防火防爆、工业卫生、劳动保护、环境保护等知识，侧重掌握防火防爆方面的安全知识。

（8）推动安全工作前进的方法：如早会宣导、定期检查、奖罚激励法等。应熟悉国家安全生产法规和企业安全管理规章制度。

（二）监督与检查

各部门应加强应急预案执行情况的检查通报，督导有关小组及时整改应急管理工作中存在的问题。

（三）应急预案演练

（1）公司和各项目部每季度至少组织一次综合模拟突发事故安全应急演练，检验指挥系统、现场抢救、疏散、救援响应能力。

（2）各应急组成员必须熟悉各自的职责，做到动作快、技术精、作风硬。根据实际演练情况，查找不足，总结经验，不断完善事故应急预案。

（3）演练结束后对演练进行评估及总结，及时修正及弥补应急突发事件救援预案制订的缺陷。

（4）应急预案应每季度定期开展演练。演练方式可以选择桌面演练、功能演练、全面演练其中的一种，每年演练次数不少于 4 次，其中消防应急预案演练必须纳入其中。

（5）演练总结的内容为：参加演练的人员和演练地点，起止时间，演练项目和内容，演练过程中的环境条件，演练动用设备、物资，演练效果等。应急情况演练的 3 个方案见表 3-3～表 3-5。

表 3-3　应急情况演练方案（1）

演习应急情况	消防及逃生应急演练（兼职消防员应急演练陪同）
起止时间	9：00～12：00
参与人员	应急小组人员及全体人员
预演安排	（1）简单介绍本次火灾消防演习的目的及项目部消防器材配备及分布位置； （2）介绍出现因普通易燃物、线路、油品等不同情况下如何使用对应灭火措施及相应器材； （3）明确发生火灾后处理险情步骤； （4）本次演习内容：施工现场设备起火，对应进行应急演习
应急情况处理过程	（1）员工发现火情后打电话报告项目部应急小组，同时按前面所讲灭火常识先进行紧急扑救； （2）应急小组赶赴现场，在组长（或副组）的统一部署下，安全主管负责火情查看、其他主管组织人员暂时撤离对应区域、行政经理组织人员运送灭火设施，并立即拨打火灾报警电话； （3）火灾控制住后，组织人员进行人员伤亡和财产清点，并按规定进行上报
演习效果	通过本次演习，使项目班组基本掌握了火灾发生后的处理步骤和灭火常识；实现了一旦施工现场真正突发火灾后，在组织人员疏散、及时灭火和减少损失等方面能够按应急预案处理险情的预期目的

表 3-4　应急情况演习方案（2）

演习应急情况	物体打击（机械伤害）应急演练
起止时间	9：00～12：00
参与人员	应急小组人员及全体人员
预演安排	（1）简单介绍工作中受物体打击（机械伤害）事故演习的目的及意义； （2）介绍在出现物体打击（机械伤害）事故的情况下，如何处理以便最大可能减少人员伤亡和财产损失； （3）明确发生物体打击（机械伤害）事故情况后处理险情步骤； （4）本次演习内容：假定突然接收到物体打击（机械伤害）警报后，对应进行应急演习
应急情况处理过程	（1）应急小组成员接收到险情警报后，立即报告应急小组组长； （2）在组长的统一部署下，应急小组赶赴现场，各部门组织人员马上通知现场所有作业人员快速在应急小组成员带领下安全有序地撤离作业区域；行政部负责物体打击（机械伤害）部位情况检查落实，并及时上报组长；安全科组织人员进行流动巡视，密切关注现场情况并随时向组长汇报、其他主管负责组织临时急救队伍和器具等工作； （3）险情过后，马上进行全面检查，直至确认险情彻底排除后，职工作业安全确能保证后，由组长下令恢复作业

续表

演习效果	通过本次实际演习，使部门现场参与并掌握了出现物体打击（机械伤害）事故的情况下，处理步骤和险情处理常识；达到了一旦生产现场真正发生出现物体打击（机械伤害）时，在组织人员抢救和停止作业、撤离作业区、及时控制险情和减少人员伤亡和财产损失等方面能够按应急预案处理的预期目的

表 3-5　应急情况演习方案（3）

演习应急情况	触电事故应急演练
起止时间	9：00～12：00
参与人员	应急小组人员及全体人员
预演安排	（1）简单介绍本次触电事故应急演习的目的及意义； （2）介绍出现触电的危害、预防，普通易燃物、线路等不同情况下如何避免触电使用和防触电措施； （3）明确发生触电事故后处理险情步骤； （4）本次演习内容：假定楼层内有一个工人不小心触电，对应进行应急演习
应急情况处理过程	（1）某员工发现有工人触电后打电话报告应急小组，同时按前面所讲触电常识先进行紧急扑救； （2）应急小组赶赴现场，在组长的统一部署下，部门主管负责排查情况、班组长组织人员暂时撤离对应区域、安全部组织人员运送触电者，立马拨打 120 报警电话（演习）等工作开展； （3）伤者送往医院救助后，组织人员进行人员伤亡和财产清点，并按规定进行上报
演习效果	通过本次演习，使部门基本掌握了触电事故后的处理步骤和防触电的常识；实现了一旦施工现场真正有工人触电事故后，在组织人员疏散、及时救援和减少损失等方面能够按应急预案处理险情的预期目的

（四）应急预案备案

本预案按照要求向××区住房城乡建设部门备案。

（五）应急预案实施

本预案由安全领导小组负责解释。本预案自发布之日起施行。

（六）责任追究

十、奖　惩

（1）对于在应急救援过程中，无故不到位或迟到及临阵逃脱者，将给予行政处分。

（2）对于积极参与事故应急救援工作并在应急救援中有突出成绩的单位和个人应给予奖励。

（3）对于迟报、谎报、瞒报有关突发事件信息以及不服从事故应急救援工作的统一领导、指挥和协调的单位和个人给予处分。

（4）在应急救援过程中，不服从命令的，将给予处罚。

（5）在应急救援过程中，表现勇敢、机智、成绩突出人员应给予表扬或奖励。

（6）在应急救援中，受到伤害的员工，按照工伤条例进行赔偿。

（7）事故处理完成后，安全部写出报告（总结）：事故经过、事故发生原因、处理过程、经验教训、人员伤亡、损失大小情况、事故直接损失、间接经济损失、奖罚人员名单等上报上级有关部门，并在公司存档备案。

（8）奖惩细则依据公司“奖惩管理规定”执行。